U0660759

读活
快慢

陪 伴 女 性 终 身 成 长

拆掉内心的墙

〔日〕冈田尊司——著

吴梦迪——译

天津出版传媒集团

天津科学技术出版社

NINGEN ALLERGY : NAZE "ANOHITO" WO KIRAI NI NARUNOKA by OKADA Takashi
Copyright © Takashi Okada 2018
All rights reserved.
Original Japanese edition published in 2015 by SHINCHOSHA Publishing Co., Ltd.
Chinese translation rights in simplified characters arranged with SHINCHOSHA Publishing Co., Ltd. through Bunbuku Co., Ltd., Tokyo.
Chinese translation copyrights in simplified characters © 2024 by Beijing Fast Reading Culture Media Co. Ltd, China
经授权，北京快读文化传媒有限公司拥有本书的中文简体字版权
天津市版权登记号：图字 02-2023-251 号

图书在版编目（CIP）数据

拆掉内心的墙 / (日) 冈田尊司著 ; 吴梦迪译 . -- 天津 : 天津科学技术出版社 , 2024.5
ISBN 978-7-5742-2144-4

Ⅰ . ①拆… Ⅱ . ①冈… ②吴… Ⅲ . ①心理交往
Ⅳ . ① C912.11

中国国家版本馆 CIP 数据核字 (2024) 第 097249 号

拆掉内心的墙
CHAIDIAO NEIXIN DE QIANG
责任编辑：陶　雨
责任印制：兰　毅

出　　版：天津出版传媒集团
　　　　　天津科学技术出版社
地　　址：天津市西康路 35 号
邮　　编：300051
电　　话：(022)23332400
网　　址：www.tjkjcbs.com.cn
发　　行：新华书店经销
印　　刷：天津联城印刷有限公司

开本 880×1230　1/32　印张 7.25　字数 110 000
2024 年 5 月第 1 版第 1 次印刷
定价：65.00 元

前言 <<<<

理解内心的墙——人际过敏：一个现代心理现象

人无法独自生存，但在与人交往中，很多人本能地筑起心墙，以此来隔绝他人可能带来的伤害。

我想你周围也有一些伤害过你或是让你难以应付的人吧，有些人甚至还是你曾经非常信任和珍视之人。即使曾经视彼此为最佳伴侣，感情冷淡后相看两厌的情况也不在少数。

人与人之间一旦筑起心墙，就很难再彼此信任。厌恶、憎恨的情绪刻入骨髓，也很难彻底清除。而且只要产生排斥的情绪，再与对方相处就会增加你的痛苦。心理上的排斥还会反映到生理上来。只要看到对方的身影，听到对方的声音，就会全身僵硬、汗毛竖起、心跳加速，甚至影响肠胃功能。

这种状态和身体的排异反应——过敏的症状很相似。

引起过敏的物质叫作过敏原。过敏一旦发生，如果不消除过敏原，不适的症状就会一直持续。有些人可能认为只要忍一忍就会好转，但事实上，过敏的症状非但不会好转，反而越来越严重，最后甚至影响日常生活。

同样的事情也会发生在本应彼此依赖的人身上。我们生活在社会中，不得不与人交往，如果"内心的墙"太牢固，对谁都无法敞开心扉，就会出现各种烦恼。

人或多或少都要依靠他人才能生存下去，但随着与他人的接触，又会产生不同程度的排斥反应。从焦躁、不满，到责备、攻击、背后中伤、使坏、欺凌、吵架、付诸暴力，经历了各种各样的摩擦和冲突，最终伤害了别人，也伤害了自己。

比如"豪猪效应"中所描述的矛盾。如果说豪猪竖起满身的刺只是为了抵抗外敌，而人排斥他人的状态就相当于豪猪一直竖着刺，连同伴也无差别地攻击。被刺的同伴为了保护自己，一怒之下也会竖起自己的刺。之所以会把同伴的刺当作对自己的攻击，是因为你没有意识到是你先向同伴发起了攻击。

和一开始相处融洽的上司或同事渐生嫌隙，最终反目；恋人或夫妻关系发展不顺，最终忍无可忍；比起和别人在一起，自己一个人待着更加轻松；发自内心地无法相信他人——不善与人交往、在社会上生存困难重重的很大一部分原因，就在于对人的排斥反应让你筑起心墙。

一个人对他人产生过度的异物识别和心理上的排斥反应，我将这种情况称为"人际过敏症"。

人际过敏症是与人和睦相处、融入社会、获得稳定的伴侣关系、拥有幸福人生的巨大阻碍因素。但令人意外的是，有关人际过敏症的系统性研究却不多，甚至很少被提及。

有关身体过敏反应的研究有很多，其原理已被分析得很透彻了。与此相比，有关人际过敏症的研究，无论是量还是质，都相当匮乏。而且思考这个问题时，人们往往还停留在"感到厌烦是因为对方有问题"这个角度上。如果从人际过敏症这一角度来思考，情况就截然不同了。

据我长达35年的临床经验来看，如果一个人对另一个人产生了"人际过敏"的反应，那他大概率也会对其他人产生同样的反应。也就是说，无论与谁相处，无论在哪个公司工作，都会出现"人际过敏"的症状。即使周围换成了其他人，也是徒劳的，因为真正应该做出改变的是有人际过敏症的那个人。

从这个角度来看不难发现，人的苦恼大多来自人际过敏症，而且很多人一生都在和人际过敏症进行斗争。艰辛、孤独、心神不宁等负面情绪，归根究底都源自人际过敏症。因此，对人际交往感到不适、痛苦，甚至觉得活着非常艰辛的人，想顺利地融入社会、幸福地生活，就必须了解人际过敏症。

本书是一本正式介绍人际过敏症的书。我会在前人积累的研究成果上加入新的视角和发现，揭露现代社会普遍存在的人际过敏症的病理本质。希望本书中的观点和方法能帮助你拆掉内心的墙，为想要与人建立信赖和亲密关系的你指明方向。

另外，本书使用了大量的案例，既有名人的案例，也有普通人的案例。这些都是根据实际案例改编的，为的是帮助读者更好地理解本书的内容。

目录

第一章　筑起内心的墙——人际过敏症的现象与症状

第二章　人为什么会讨厌人

第三章 探索内心的墙——人际过敏症的根源

第四章　心墙的本质是依恋障碍

第五章 拆掉内心的墙——人际过敏族的日常生存对策

筑起内心的墙——人际过敏症的现象与症状

突然无法接受原本关系很好的人。一旦发现对方的一些缺点，就全盘否定这个人。在人际交往中感到十分疲惫，大部分源自令人不适的人际关系。

在当代社会，人际过敏症正在急速蔓延。本章会一一介绍人际过敏症的代表性症状。

对异物的排斥反应 <<<<

过敏一般是指过度的免疫反应，即人体将不需要排除的物质识别为异物，并对其进行排斥、攻击的病症。沿用这个定义，人际过敏症就是人体将不需要排斥的人当作难以接受的异物，进而通过心理和行动上的排斥、攻击，将其排除的状态。

人际过敏症不是身体对于物质的免疫反应，而是心理对于他人的免疫反应。但是，其表现出来的症状和身体的过敏症状非常相似。

免疫反应需要两个要素：一个是对异物的识别（记忆），另一个是通过排斥和攻击将其排除。过敏最根本的问题不在于折磨人的过敏反应（排斥反应），而是引起过敏反应的过度的异物识别。人体将不需要排除的、无害的花粉、食物错误地识别成了应该排除的危险异物，痛苦也就因此产生了。

人际过敏症也是如此，最根本的问题是内心将本可以和睦相处的人，甚至可能对自己有益的人识别为无法忍受、必须立即排除的异物。这样一来，排斥反应就会自动开启，通过排斥和攻击，推进将异物排除的程序。

某种物质被识别为异物，最终成为过敏原的过程叫作"变态反应"。一旦产生变态反应，那么只要持续接触过敏原，症状就会越来越严重。因为过敏反应产生的抗体和免疫物质会进一步引发过敏反应，生成更多的抗体和免疫物质，进而陷入恶性循环。

人际过敏症也同样如此。对某个人产生变态反应后，排斥反应就会让关系进一步恶化，带来更严重的过敏症状。轻微的不适逐渐升级为包含强烈厌恶、憎恨的攻击行为。要想使这个过程发生逆转也不是不可能，但绝非易事。

随着人际过敏症的加剧，人会被卷入负面情绪的旋涡，甚至连自己在做什么都不知道，开始不停地对他人，甚至对自己发动无意识的攻击和排斥。

为什么自己总是攻击本应爱着的人？为什么总是和原本关系很好的朋友、同事心生嫌隙而伤心难过？一直找不到最根本的原因，却不停地和周围的人发生无益的摩擦和争执。

而这一切的开端是心里将不应该排斥的人识别成了必须排除的异物。除非修正这种认知，否则痛苦就会一直持续下去。然而，大部分人只会纠结于眼前的痛苦和不快，很少追根究底，思考导致这一切的本质原因。

本章会先介绍人际过敏症引起的典型状态，即基本症状。为了早日脱离负面情绪的旋涡，请仔细阅读。

人际过敏症的症状 <<<<

在思考人际过敏症引发的一系列症状时，必须先区分对异物产生排斥反应引发的过敏症状（结果），以及将不必要的物质识别为异物的认知问题（原因）。前者是人际过敏症引起的情绪、行为问题，后者则是藏于这些情绪、行为问题背后对他人的接纳方式，即认知问题。

当一个人陷入人际过敏的状态时，不开心、厌烦等情绪就会袭来，与人的争执、冲突也会频发。为了纾解郁闷，很多人会开始喝酒或参与其他令人沉迷的事情，进而导致上瘾行为。因为我们知道上瘾会产生很大的危害，所以往往会不自觉地注意这一方面。然而，就像前文提到的，隐形操控这个人的是认知问题，就是将不应该排斥的人认定为必须排除的异物。这才是一切问题的根源所在。

接下来，我们从情绪和行为上的问题着手，逐本溯源，进一步通过认知问题了解人际过敏症的基本症状吧。

症状1　对人际关系过度敏感，容易受伤

有人际过敏症的人往往对人际关系过度敏感，会因为一点小事而伤心或伤神。他们的内心深处存在着对他人的疏离感，甚至很多人对身边非常亲近的人也无法由衷地生出信任感和亲密感。

人际过敏症严重的人容易出现逃避社交、自我封闭的行为。当这些人迫切地想要依赖他人或得到他人支持的时候，他们也会试图与人接触。然而与人近距离接触，非但不能增加信任感，反而会使自己的情绪或与人的关系变得更加不稳定。

他们会从对方的只言片语或行为中读取到被否定的意

思，从而感觉受到伤害。即使面对的是父母、恋人、配偶、孩子等本可以使其放松警惕、敞开心扉的人，他们也会敏感地去试探自己有没有被冷落，有没有被讨厌。只要捕捉到一点征兆，就会马上自我封闭。不仅如此，他们还会对对方产生不信任等负面的情绪，并通过态度和行为表现出来。

人际关系是相互的。如果你自我封闭，那他人也会不知不觉地对你敬而远之。即便是对你抱有好感的人，看到你总是眉头紧锁、充满戒备，也会逐渐选择远离吧。

有人际过敏症的人通过不让他人靠近的态度，让自己陷入孤独，为了不被人伤害而过度戒备、紧闭心扉。因此，游离在人群之外的状况，其实是自己造成的。

症状2 困在负面情绪中

有人际过敏症之人的另一个特征是缺乏明朗、稳定的情绪，容易陷入负面情绪中。不开心、烦躁、不安的情绪只是开端，渐渐地，他们会困在愤怒、憎恨等激烈的负面情绪中，有时还会爆发出来。有些人也会向自己宣泄这种负面情绪。他们会失去信心、难过、后悔、过度自责，还会变得郁郁寡欢，做什么事都提不起兴趣。

　　这样的状态曾一度被认定为"抑郁"。但真正患有抑郁症的人只是极少一部分，大部分都是和适应障碍、消极认知密切相关的慢性情绪低落（情绪失调）。即便接受针对抑郁症的治疗，也收效甚微，无法解决根本问题。但是，如果从人际过敏症的视角出发，将这些状态视作人际关系的问题，并采取措施加以改善，很多时候都能得到不错的效果。

　　负面情绪的表达方式大致有两种：一种是向周围的人宣泄；另一种是闷在心里，将自己封闭起来。

　　前者即使面对很小的压力，也只会过度反应，试图将责任转移到周围的人身上。这一类型的人相比自己承受，更倾向于将他人也卷进来，所以他们会和人商量，或寻求他人的帮助，这意味着他们相对更容易接受援助。

　　后者即便遇到了不开心的事，也只会闷在心里，所以周围的人很难察觉出来。这一类型的人为了保护自己，很多时候都会摒弃情感，然后在不知不觉中被压力吞噬，身体默默发出悲鸣。也有些人会在忍耐到极限时内心轰然倒塌，此时才会出现症状。

　　对于将来要发生的事过于悲观，认为只会发生不好的事情。断定别人肯定瞧不起自己。说出的话多是不满、抱怨和别人的坏话，很少谈论希望和梦想——负面的情绪滋生负面的言行，最终限制自己的可能性，以致招来不幸。

症状3 无法控制愤怒和攻击性

美国心理学家罗伯特·普拉奇克（Robert Plutchik）提出，人有八种基本情绪。正面情绪包含喜悦、信任、期待三种。负面情绪包含悲伤、愤怒、厌恶、恐惧、惊讶五种。负面情绪划分出更多，是因为人为了活下去必须规避很多危险，而负面情绪在这方面起到了不可或缺的作用。

如果难以对他人产生安心的感觉，那么负面情绪就容易增长。当一个人无法妥善地平息自己的愤怒和攻击性时，他往往就会将其发泄出来，以致自己和周围人的关系进一步恶化。这种倾向会让问题变得更加复杂。

愤怒和攻击性处理得当，有助于人际关系的发展。但是，有人际过敏症的人无法很好地处理这些，因此，非但不能加深相互间的理解，反而会破坏彼此的关系。最典型的例子就是平时温顺老实的人，喝了酒之后或非常疲惫时情绪会突然爆发，像脱缰的野马一样，辱骂甚至暴力殴打家人，就是因为他们平时无法释放自己的情绪。

有人际过敏症的人，因为自尊心和戒备心过强，不会将自己的弱点展示出来。他们会将烦恼闷在心里，直到某天爆发出来。而且，大部分有人际过敏症的人内心深处都埋藏着强烈的愤怒。这些愤怒大多源自不幸福的经历。当遭到别人的否定或反对时，隐藏的伤口就会按下愤怒的开关。

每个人都会产生负面情绪。负面情绪是各种情绪中的一种，可以让人生变得多姿多彩。但是，有人际过敏症的人，情绪缺乏多样性。他们可能表面上看上去非常和蔼可亲，但实际上盘踞在他们内心深处的是没有色彩的愤怒或憎恨。这些愤怒或憎恨会因为一些小事而展露出来。在薄冰之下，愤怒的火药正在等待被憎恨引爆。

症状4　缺乏宽容心和包容心

过度洁癖、不够温柔体贴也是人际过敏症的特征。

你可能会认为温柔体贴没有那么重要。就连医学上也曾一度看轻温柔体贴的意义。但是，近年来人们逐渐发现，无论是对于孩子健全的成长和发育，还是成年人、老年人健康的生活，温柔体贴都是不可或缺的心灵营养剂。

当受到温柔体贴的照顾时，人体会分泌一种叫作催产素的激素。催产素又被称为爱情激素，这种激素在缓解压力和不安的同时，还能增进对他人的体贴和友好接触。当人体分泌充足的催产素时，人不仅会感到幸福，还会变得温柔，甚至可以接受和原谅对方的错误。

温柔的拥抱和抚摸可以促进催产素的分泌。如果一个人小时候经常被拥抱，而且是在家人温柔细心的照料中长大的，那他的催产素水平就会相对较高。

有人际过敏症的人则正好相反。他们对他人缺乏宽容心，非常严格，还过度洁癖。即便对方有很多优点，也会不自觉地揪着对方的缺点加以责备。他们还会经常表现出有攻击性的过激言行，常常将自己的焦躁或不满发泄在弱者身上。他们执着于自己的主张，无法接受他人的想法，从而造成不必要的摩擦。

很多时候，对他人过于严格是因为自己在成长过程中也曾被这么对待过。如果长期生活在严苛的环境中，即使是本性温柔的人，也可能会变得只会责备他人。对于自己犯的错误也往往不愿承认，而是顽固地试图将自己的错误正当化。

症状5 **身心不适和依赖行为**

这样的特性不仅容易让人感受到压力和不安，还会继续催生造成这些特性的状况，即主动招来摩擦、对立和孤立。有些人可能将自己的顽固误认为是强势，可内心又缺乏弹性，因此，面对压力时反而会变得很脆弱。过度压抑本心的行为无异于穿着铠甲生活，比一身轻松的人疲惫好几倍。他们无法相信他人，容易感到不安，所以总是在观察他人的脸色，不得片刻放松。这种精神上的消耗十分恐怖。

有人际过敏症的人对压力和不安的承受能力比较弱，身心也会因此被进一步侵食，总是感到不舒服、混混沌沌的。慢性压力会破坏自主神经的平衡，影响肠胃和循环系统，增加患上身心疾病的风险。

另外，为了消除这种不愉快的情绪，他们往往会做出对释放快乐和兴奋的神经递质——多巴胺产生依赖的行为。最具代表性的就是酗酒和赌博。女性还会出现暴饮暴食、疯狂购物、性成瘾的情况。沉迷于网络游戏、刺激性动画的情况也在不断增加。比起稳定的恋爱或夫妻关系，露水情缘更让人放松，也更容易驾驭，因此，他们会过度沉迷于其中。

症状6 忽视大同，执着小异

这种症状的背后隐藏着什么样的认知偏差呢？

人际过敏症是指将不需要排除的人识别为有害的异物，进而产生排斥、排除的状态。异物是指和自己不相容的物质。相较于和自己相同的点，有人际过敏症的人会对和自己不同的点更加敏感。即便这个不同很小，也会被过度放大，被视为具有决定性意义。最终的结果如果不符合自己的预期，就完全无法接受。换言之，他们的判断基准非常严格，不是满分，就是零分。

这种思维模式叫作"二元认知"或"两级思维"，也可以认为是完美主义。实现完美是非常困难的。因为进展不顺的情况要远比进展顺利的情况多，这往往会让他们陷入"反正都会失败"的悲观思维。

当非黑即白的二元认知遇到悲观思维时，人就会陷入破坏性思维的旋涡中。他们会过早地下定论，认为如果无法达成理想中完美的自我，那一切就失去了意义，连存在的价值都没有了。忽视大同，执着小异，哪怕身处顺境也觉得自己在承受难以忍受的痛苦，这也是有些人会自暴自弃，甚至自杀的原因之一。

有人际过敏症的人，即使面对小小的差异，情绪的天秤也会发生倾斜，失去平衡。因此，他们的情绪非常不稳定。由于忽视整体，执着于微小的局部，人会时常处于极度理想化和极度失望的状态中，致使人生也变得跌宕起伏。

症状7　**执着于自己的视角**

到这里，扎根于人际过敏症本质的特性就浮现出来了，那就是绝不认可与自己不相容的事物，有一种非常强烈的自我执着。

为什么会这样呢?

一个人处于伤痛中是完全无法考虑别的事情的。如果一个人从小就生活在伤害和痛苦之中，那他一定会拼命保护自己。这样的人往往有自己的一套理论或信念，他们不会站在他人的立场上来思考问题，也不会反省自己的错误，而是会将自我保护放在第一位，为此甚至不惜将自己的错误正当化。他们会将他人视作自己的敌人或竞争对手，发生在自己身上的不好的事都被视为对方的恶意。他们绝不相信他人，并试图站在制高点控制他人。

敌人和竞争对手注定无法与自己共存。因此，想生存下去就只能将他们当作异物排除。

症状8 攻击最值得信任的人

有人际过敏症的人连支持自己的人也不信任，甚至还会发起攻击。在他们眼中，最值得信任的配偶或孩子也可能会成为敌人或竞争对手。因为他们始终坚信，他人不可轻信，是应该防备的敌人或竞争对手。在这种信念之下，他们会觉得幸福和成功是独属于胜利者的，别人获得了几分，自己就被剥夺了几分。别人的幸福和成功是令人嫉妒的憾事。哪怕是夫妻、亲子之间也是如此。

归根结底，这样的思维模式源自成长过程中爱的缺失。在他们看来，爱就像有限的馅饼，只要别人多吃一口，自己就会少吃一口，因此永远都在担心。父母的爱之所以有限，除了有兄弟姐妹的存在，还有可能是父母本身无暇顾及或者无法爱孩子。甚至有些父母本身也有人际过敏症，只能一心一意地爱自己。

如果父母拥有共情能力，那么即便他们能给予的照顾有限，孩子也能在成长的过程中感受到无限的爱意。无论有多少个兄弟姐妹，都不会觉得自己的那份爱被抢夺。因为他们相信，自己的父母比谁都懂自己，紧要关头也会帮助自己。在成长过程中被体谅的孩子也能够与他人共情、体谅他人。他们可以分享喜悦，遇到困难也能与他人相互扶持。

如果为了生存，每天都在和敌人或竞争对手争斗，即便是原本拥有共情能力的人，也会逐渐失去温柔、体贴的心。哪怕最后在生存之战中获胜了，也会患上人际过敏症。换言之，获得胜利或成功的代价是失去对他人的信任和爱。

症状9　对自己也不信任

有人际过敏症的人，不仅对身边的人不信任，对自己也会有不确定感。他们无法肯定最本真的自己，总觉得自己一身缺点，非常无能，不值得被爱。

因此，他们总是过于卑微，无法和他人建立对等的关系。无论做什么，都无法安心。哪怕正处于最成功或最幸运的时刻，也会觉得自己早晚会失败。这种对自己的否定和消极的态度，会赶跑来之不易的机会和幸运，招来不幸和失败。

有人际过敏症的人之所以容易出现酗酒等依赖行为，

一方面是为了逃避过度敏感造成的压力，另一方面也是为了分散时时刻刻萦绕在自己心中的不确定和空虚感。

对外展现的是伪装的自己，实际的行为和内心真实的想法是割裂的。这是人际过敏症的重要征兆之一，也是一部分人唯一的征兆。有些人表现得很爱一个人，但实际上只是假象，在他们内心的深处其实充斥着对人的恐惧和不信任。

与人际过敏症有关的病名 <<<<

容易受伤、缺乏共情能力、执着于自我和思维极端形成了一个"负螺旋"，引发过度的异物反应，即人际过敏症。人际过敏症的背后藏着生活的各种艰辛，它同样也是这类人无法融入社会，引发人际关系问题、家庭不和睦，等等的原因。如果症状严重，还会被冠以病名。但是，大部分人只是感觉活得很痛苦，还没有到达需要治疗的程度。另外，也有很多人只是在特定的情况下，对特定的人产生强烈的排斥反应。

　　然而，当今的精神医学采取的是诊断治疗的方法，即根据表面症状对疾病进行分类。因此，虽然每种症状都被赋予了不同的病名，却让人更难以辨别其真正的病因。

　　举个例子，假设你出现了以下症状：流鼻涕且不停打喷嚏、眼睛发痒泛红、晚上睡不着、全身乏力、容易累、没有干劲。如果给每一种症状冠以一个病名，那就是鼻炎、结膜炎、失眠症、疲劳综合征等，从全身的症状来看也有可能是病毒性感冒、抑郁症等。但是对过敏有些许了解的人应该知道这不过是花粉过敏的症状，知道了这一点，对上述这些症状进行解释和诊断也就不难了。

　　同理，人际过敏也会引发各种症状。其中，如果不安的情绪比较强烈，就会被安上"焦虑症"的病名。如果出现了意欲低下、容易疲劳、心情低落的症状，就会被诊断为"抑郁症"。如果睡眠出了问题，就会被冠上"睡眠障碍"之名。而且医生会根据不同的症状，开具不同的处方药。这样一来，对于引起这些症状的真正原因、身体到底出了什么问题，患者一直无法得到明确的答案。但是，如果这一系列的症状都是由人际过敏引起的，那诊断为人际过敏症这一个病名，就可以解释所有症状了。

在精神医学中，有如下几个和人际过敏症有关的病名。

社交恐惧症

社交恐惧症指在人多的地方或在人前讲话就会感到强烈不安的状态。很多患有社交恐惧症的人都很在意别人的目光，或害怕与人对视。其根本原因就在于对人的过度恐惧，而隐藏在背后的原因很可能是人际过敏症。

适应障碍

适应障碍指无法很好地融入学校、社会等环境，由此产生的压力又造成更加强烈的抑郁或不安的状态。从这个病名可以看出，病因是环境造成的压力或本人无法适应环境。这可以说是为数不多的涉及病因的病名。有人际过敏症的人在处理人际关系时，会产生不必要的摩擦和压力，因此也更容易患上适应障碍。

人格障碍

患者因行为、情感、认知的偏差，在生活上会遇到明显的阻碍，在人际关系方面也困难重重。正如前文所述，有人际过敏症的人在行为、情感、认知方面也表现出了特有的偏差。由此可以推测，很多人格障碍的背后都有人际过敏症的影子。分裂型人格障碍患者喜欢孤独，对和他人产生交集缺乏兴趣，也不会觉得开心。回避型人格障碍患者为了不被讨厌、不被伤害，会刻意回避亲密关系。偏执型人格障碍患者疑心重，对身边的人也不信任。边缘型人格障碍患者极度不自信，认为自己早晚会被抛弃，所以会紧紧抓住对方，或攻击对方。自恋型人格障碍患者则正好相反，他们过度自信，有很强烈的自我表现欲，且看不起他人。这些人格障碍的主要病理应该都与人际过敏症有关。

情绪障碍

患者总陷入负面的情绪或思维，不断地表达不满或不适。常见于重度人际过敏症患者（后文会具体讲解）。轻度抑郁症患者一年中有一半以上的时间也会出现这种症状。

强迫症

尤其是同时伴有洁癖症的人，会强烈抗拒碰触别人可能碰过的门把手或扶手，会觉得椅子或马桶盖不干净，从外面回到家时，会在进屋前把全身上下都换成干净的衣服。认为他人不干净，过度抗拒、排斥他人，很大一部分原因也与人际过敏症有关。实际上，这样的人除了洁癖之外，一般还伴有紧张症等无法轻松地与人交往的问题。

躯体变形障碍

患者会觉得自己的容貌或身体非常丑陋，对自己的形象有着负面的、扭曲的认识。大多会恐惧与人对视和交流，常常逃避人际交往。主要的病理多与人际过敏症相关。

无论病名是什么，如何减轻、克服现代人的人际过敏症都是心理学专家们正在想方设法攻克的课题。

第二章

人为什么会讨厌人

荀子、马基雅维利、霍布斯、卢梭、尼采——自古以来就有"他人是不可信的"这样的观念。

人为什么会讨厌人？本章会尝试解答这个简单又深奥的问题。

在第一章中，我阐述了人际过敏症是一个人对其他人产生的过度的异物识别和排斥反应。这种症状会在不知不觉间扩散，带来各种各样的问题。这种现象自古以来就一直存在，只不过人们并没有从人际过敏症这个角度加以解释。在本章中，我们来看看过去的人们是如何理解和处理这种排斥、排除他人的心理的。

"人性本恶"的主张 <<<<

"人之性恶,其善者伪也"这句话出自中国的思想家荀子，他认为人性本恶。这句话后面还有一句，"生而有疾恶焉"，意思是人生来就有嫉妒、憎恨之心。荀子基于对人性的悲观看法——"性恶论"，提出了法、礼、义等秩序的重要性。他认为只有通过矫正，才能避免纷争，维持社会秩序。

虽然荀子继承了孔子注重礼义的教诲，但对主张"性善论"的孟子展开了强烈的抨击。如果人性本善，那为什么还要注重礼义呢？他认为只有通过坚定的意志和不断的努力，才能拥有善良的品质。

意大利政治思想家尼科洛·马基雅维利（Niccolò Machiavelli）也主张直面隐藏在人性中的恶，用彻底的现实主义开展政治活动。在马基雅维利的人性观中，人心是善变的，是容易输给欲望的，也是不可靠的，需要用怀疑的眼光看待一切。他认为"人本身就是邪恶的，他人不可能信守承诺，我们也没必要对他人信守承诺"。因此，为了不被脆弱、不可靠的人心欺骗，人需要拥有令人恐惧的力量，需要变得狡猾，让他人觉得自己重视信义，但实际上自己谁都不相信。

英国政治家、哲学家托马斯·霍布斯（Thomas Hobbes）认为，人类的自然状态是"所有人反对所有人的战争"。在这种状态下，他人必然会成为自己的敌人。因此，为了摆脱这种情况，实现和平，法律、契约、国家就应运而生了。霍布斯的这种思想本质上也是采用了人性本恶的悲观看法。

他人是怀有恶意的、不可轻视的敌人。这种认识也是后来获得无数支持的现实主义人性观的基本理念。

嫉妒和不平等滋生的恶意 <<<<

法国思想家让-雅克·卢梭（Jean-Jacques Rousseau）的自然观和霍布斯截然相反，但最终也找到了人类邪恶的起源。在《论人类不平等的起源和基础》中，卢梭提出，在自然状态下人是平等的，依靠对彼此的怜悯心相互连接在一起。但是，占有和竞争带来了优劣之分，从而滋生了嫉妒心和失落感。而这些又进一步引发了战争和掠夺，使人变得邪恶。

人类的邪恶起源于觉察优劣之感后生出的嫉妒心。在西方的神话中，有哥哥谋害弟弟的情节。原因就是哥哥嫉妒被神眷顾的弟弟。不被爱这种失落的感觉，抹杀了人性中对他人的怜悯，从而产生憎恨和排除的心理。

这类悲剧也可以说是人类追求平等和公平的结果。自己也想得到同样的爱和认可，当只有自己不被眷顾，不得不品尝失落的滋味时，心中就会生出对被眷顾之人的敌意。

德国哲学家弗里德里希·威廉·尼采（Friedrich Wilhelm Nietzsche）将隐藏在内心深处的嫉妒和失落感称为"无名怨愤"。他认为基督教的道德本身就是嫉妒他人幸福的无名怨愤带来的，只有站在善恶彼岸的超人才值得期望。

不过，尼采的这种主张本身也可以说是生活不顺、与爱之喜悦无缘的孤独之人的无名怨愤。

投射机制和被害妄想 <<<<

精神分析学派的创始人、奥地利精神科医生西格蒙德·弗洛伊德（Sigmund Freud）是首个提出"投射机制"的人。这种机制可以让人更好地从心理学的角度理解无名怨愤造成的异物排斥等现象。

弗洛伊德是在诊察妄想症患者时发现这个机制的。他发现这些患者总是试图从外部寻找令自己不开心的原因，尽管真正的原因其实是他们自己。弗洛伊德根据这些，发现了将自己难以接受的欲望和恶意转嫁给他人的自我防御机制，而且这种机制非常普遍，并不是妄想症患者独有的。

也就是说，怀有邪恶欲望和恶意的是自己，但是又不想承认这一点，于是就将其投射到他人身上，认为拥有这种邪恶欲望和恶意的是他人。投射的内容既有自己好的一面，也有坏的一面。坏的投射一般针对的是站在自己对立面的人。如果你自己对某个人怀有恶意，或是自己内心的欲求没有得到满足，无论这个人实际上如何，你都会一味地认定对方怀有恶意，或者认定对方非常贪婪，进而破坏了自己的幸福。

现在人们经常使用的"被害妄想"这个概念，就是将自己的不安、恐惧、失意投射到周围的人身上的产物。为什么有的人会对身边的人怀有敌意或形成对立？为什么会因为无名怨愤寻找替罪羔羊？投射机制可以帮助我们更好地理解这些问题。

负移情和反移情 <<<<

弗洛伊德还提出了一个与投射相似，但又有些许不同的概念，叫作"移情"。

弗洛伊德发现患者会将自己对父母抱有的感情转移到医生身上。尊敬、爱戴父亲的患者往往也会对医生抱有尊敬、亲近等积极的情感。

积极的情感转移叫作"正移情"。接受转移的一方也不会感觉到冒犯，并且在这种积极情绪的带动下，也容易对对方产生积极的情感。这种现象叫作"反移情"。

但是，如果患者对父母抱有抗拒或敌对的感情，那么他也有可能会将医生当作父母，进而将这种敌对的感情转移到医生身上。这种现象叫作"负移情"。患者本人对此并没有意识，他们会故意做出一些不好的反应，打击医生的热情，这种情况就会变得十分棘手。医生想要帮助他，却遭到无端的谩骂、贬低，自尊心被践踏。医生会觉得不可理喻，不明白自己为什么非得受这个气。

承受负移情的医生一般也会被卷入这种负面的情感之中，产生愤怒、责备的反应。于是，开始对这个患者生出棘手的意识或讨厌的情绪，这就是发生了负移情的反移情。

可以说，负移情和反移情这两个概念对于解释心理上的排斥反应机制是很有帮助的。

"最初的异物"——父亲 <<<<

这里还要介绍一下弗洛伊德的另一个发现——"恋母情结"。恋母情结是孩子和父亲围绕母亲展开的三角关系，其中包含了非常复杂的感情。既有想要将父亲踢出局，独占母亲的愿望，又有由此产生的罪恶感，还有对触到父亲逆鳞后的恐惧。弗洛伊德认为这些愿望或恐惧的压制是造成恐惧症、强迫症、焦虑症等的原因。

确实，受过父亲虐待或无法亲近严厉父亲的人，往往容易紧张和焦虑，性格也比较压抑。他们容易将面对父亲时的紧张感转移到第三方身上。他们中的很多人都不擅长应对强壮的男性或具有权威、傲慢霸道的人。也有人会无意识地将自己对父亲的情感转移到其他长辈身上，进而和他们抗争。

父亲是对他人产生恐惧和敌意的源头所在，可谓"最初的异物"，是不可忽视的角色。

死亡本能和攻击本能 <<<<

　　"死亡本能"是弗洛伊德晚年提出来的概念，和同样是他提出来的"泛性论"一样，遭到了很多非议，如今已鲜有提及。但是，当今世界依然存在攻击和杀戮，还有的人仿佛是被死亡冲动支配着一样。由此可见，"死亡本能"未必是荒诞无稽的想法。

　　在分子生物学领域，研究人员发现了一种叫作"自杀基因"的结构，它会引发细胞死亡。人们也逐渐认识到在生命的程序中，既有生的编码，也有死的编码。我们都在向死而生，死是必然存在的，生命就是不断走向死亡的过程。生的结束不是死亡的开始，生和死是同时开始的，生命的完成就是死亡的完成。

　　人类是掠食性生物，具有攻击的本能。死亡本能原本是生存的本能，是驱动攻击的一种冲动，有时候也被称为"攻击本能"。人们经常拿死亡本能和爱的本能比较，但是爱的本能和死亡本能既不是对立的关系，也不是竞争关系。有的人可能会非黑即白地认为爱的本能是好的，而死亡本能是坏的。也有人觉得爱的本能可以抑制、控制死亡本能。但这些都是容易引起误解的错误想法。在心智不成熟的状态下，爱的本能和死亡本能一样，都令人难以应对。因为爱的本能而自我毁灭的情况也不计其数。

爱的本能和攻击本能在成长的过程中会融合成一体。但是，如果二者融合的比例失衡，或者一直处于分离状态，那么就可能引发自杀或其他破坏性行为。

根据我的临床经验，追求爱的本能如果没有得到满足，那么无论是为别人着想的共情能力，还是自我反省和自控能力都会有所缺失，或者发挥不出来。因此，这样的人很多都会出现破坏性行为。

受挫的爱带来的憎恨 <<<<

正如前文所述，死亡本能是与生俱来的，同理，弗洛伊德认为爱、憎恨的倾向很大程度上也是由先天因素决定的。另外，弗洛伊德还认为恋母情结是人类的重要矛盾，由此可见，他非常重视父子关系。

对此，学习精神分析的人中出现了一批反对的声音，英国的精神科医生伊恩·萨蒂（Ian Suttie）就是其中之一。萨蒂在其著作《爱与恨的起源》中提出了一个假说，认为后天的因素，尤其是和母亲的关系非常重要，婴幼儿时期的经历才是憎恨的起源。

萨蒂认为婴幼儿心智的建立取决于家庭的抚养方法，并非本能的冲动。婴幼儿在成长过程中需要一边依靠他人，一边自立。如果这种被保护的状态突然受到威胁，他们就会产生情绪上的压力。在婴幼儿逐渐摆脱依赖心理，实现心理上的断乳的过程中，发挥着决定性作用的只有母亲这个"爱的对象"。如果母亲的作用受到了外部因素的干扰，那么婴幼儿的情绪压力就会加强，为将来患上精神疾病埋下种子。

也就是说，憎恨不是与生俱来的破坏本能，它只是"受挫的爱"。

这个理论对下文中要介绍的梅兰妮·克莱因（Melanie Klein）、接受克莱因教诲的唐纳德·温尼科特（Donald Woods Winnicott），以及提出依恋理论的约翰·鲍比（John Bowlby）等都产生了影响。

不顺心的东西即为"恶"　<<<<

　　克莱因是一位女性精神分析学家，早期因患上抑郁症而开始学习弗洛伊德学派的精神分析学。她康复后开始研究儿童的精神分析，后因与弗洛伊德的女儿安娜产生意见分歧，脱离弗洛伊德学派，创建了自己的学派。

　　克莱因从弗洛伊德提出的"死亡本能"的概念中获得灵感，开始关注婴儿的破坏性和攻击性。面对奶水充沛的"好乳房"时，婴儿会表现得非常满足；而当面对没有奶水的"坏乳房"时，他们不仅会号啕大哭、激烈反抗，还会因为愤怒而做出攻击行为。

　　在这个阶段，婴儿在乎的只有作为母亲身体一部分的乳房能否满足自己的欲望，全然不顾母亲平时抚慰自己、给自己提供营养的事实。克莱因将这个阶段的婴儿和他人的关系称为"部分客体关系"。

　　与此相对，"完整客体关系"是指孩子能将母亲看作既有好的一面又有坏的一面的整体时建立的关系。克莱因表示，想培养完整客体关系，母亲必须付出充足的爱，让"好母亲"远胜于"坏母亲"。但些许的"坏母亲"也是必要的。有了"坏母亲"，婴儿才能体验不顺心的感觉，被母亲训斥后，才会学习反省自己的错误。

完整客体关系和部分客体关系的差别，大致可归纳为三点。

第一，在部分客体关系中，孩子会将对方视作自己的一部分，自他的边界模糊不清。而在完整客体关系中，孩子是一个独立的个体，能够明确地区分自他。

第二，在部分客体关系中，面对不顺心的事情时，孩子会愤怒、攻击他人，表现出他罚性的行为。而在完整客体关系中，孩子会反思，觉得自己可能也有错，表现出的是自罚性的行为，这种成长也是自我反思能力的发展。

第三，建立完整客体关系后，孩子会站在对方的立场上来思考问题。共情能力也会在此时开始萌芽。

这三种变化是同时进行的。随着自我反思能力的提升，孩子对攻击性行为的控制力也会增强。而当孩子拥有了共情能力，能够体谅他人之后，他又会进一步抑制攻击性行为。也就是说，本能的攻击性被施加了自我反思能力和共情能力的双重枷锁。

另一方面，一直停留在部分客体关系中的人，无法区分自他的界线，会期待对方按照自己的意愿做事。如果期待落空，就会产生强烈的愤怒。他们会认为所有的不顺都是对方的错，不会反省自己，也不会站在他人的立场上来思考问题，因此，对攻击性行为的掌控往往比较弱。

接受自己的错误是令人不快的事情，为了保护自己，他们反而会变得盛气凌人，攻击对方，让自己占据优势。这种防御机制叫作"躁狂防御"。恼羞成怒就是躁狂防御的结果。

在理解不顺心的东西即为异物（恶）这种极端的认知，以及攻击、排除被视作异物的他人的机制方面，克莱因的部分客体关系理论可以说是一个具有先驱意义的理论。

自恋的需求没有得到满足 <<<<

有些人不仅无法爱自己的同伴，还会憎恨他们。美国的精神分析医生海因茨·科胡特（Heinz Kohut）提出的"自体心理学理论"可以帮助我们理解这种心理病理。

　　如果一个人的自恋需求得到了满足，发展得很健全，那么他也能自然而然地对自己所属的团体或朋友生出爱意。但是，如果一个人在最需要被爱的时候遭到了伤害或轻视，在整个成长过程中都缺乏被接受、被爱的感觉，那么这个人就会发展出脆弱、不堪一击的自恋人格。他不仅无法爱上这样的自己，也无法相信朋友和其他人，甚至还会期盼他们遭遇不幸。

　　过度自信、看不起他人的自恋型人格障碍患者，由于幼时的自恋需求一直没有得到满足，所以一直停留在不成熟的发展阶段。他们虽然表现得高傲自大，但其实内心里隐藏着的是极度自卑、贫瘠、幼稚的自恋。为了弥补这些，他们往往会摆出一副高高在上的样子，同时也十分渴望周围的赞赏。

　　精神分析医生大卫·曼（David Mann）认为，自恋型人格障碍的核心问题不是过度自恋，而是无法爱自己，无法爱他人，即爱人障碍。而隐藏在爱人障碍背后的是过于强烈的憎恨。也就是说，过度的憎恨才是自恋型人格障碍的本质。

　　这是对自己不被爱的憎恨。对不被爱的自己、不爱自己的他人，乃至整个社会的憎恨，隐藏在内心深处，让人受其支配。

患者已经不再期待得到他人的爱，因为只要期待，就会再次受伤。因此，他们想从别人身上得到的只有金钱、物质、肉体、像奴隶一样的服从。一切都要顺从自己的意思，任自己摆布。否则，就要将其彻底摧毁。他们只能接受迎合自己的人，反抗自己的人或事物都被视作碍眼的异物，抹杀即可。造就这一切的是对自恋需求没有得到满足的愤怒和憎恨。

依恋障碍和人际过敏症 <<<<

"依恋"是近年来备受关注的一个概念。依恋是孩子和养育者之间形成的羁绊，可以影响一个人面对他人时是选择接受还是排斥。依恋理论由英国的精神科医生约翰·鲍比提出，后美国心理学家哈利·哈洛（Harry F. Harlow）又对其进行了论证。在之后的研究中，心理学家们发现，依恋不仅在孩子成长和发育的过程中发挥着不可或缺的作用，还会影响其成年后的人际关系、爱情生活、抗压能力和身心健康。

依恋不是人类独有的，而是哺乳类，尤其是社会性高的哺乳类共有的机制。孩子会追随着依恋对象，寻求他们的照顾，建立双向的关系。在这个过程中，孩子获得最基本的安心感和社会性。要形成稳定的依恋（安全依恋），必须让孩子一岁半之前和特定的养育者建立非常亲密且有回应的关系。

如果不幸地错过了这个机会，没有让孩子形成稳定的依恋，就会引发依恋障碍。养育者没有重视和孩子建立深厚的关系、没能给予孩子足够的安心感、频繁更换养育者，都会造成依恋障碍。之后再去建立关系，可以在一定程度上弥补一些。但如果幼年时遭受的伤害无法抹去，那么不稳定的依恋模式（不安全依恋）就会一直存在，让人难以维持恰当的人际关系。

不健全的依恋主要有两种类型。一种是"回避型依恋"，这种依恋主要表现为不想建立亲密的人际关系，喜欢孤独的生活方式，即便与人交往，也只停留在表面关系上。另一种是"焦虑型依恋"，这种依恋主要表现为过度渴望亲密的人际关系，但一与人深入交往，关系就会破裂。

回避型依恋的人很难发展亲密关系。即便组建了家庭，也总是心不在焉，游离在外。配偶和孩子经常感觉自己被抛弃了，而这种情绪会渐渐地转化为愤怒或憎恨。然而，回避型依恋的人却对此毫无察觉。很多回避型依恋的人在履行完经济职责后被家人抛弃，就是恨意累积多年的结果。

另一方面，焦虑型依恋的人总是担心自己是否会被抛弃、被排斥，总是过度地渴望对方的爱或认可。焦虑型依恋的"矛盾"体现在过度依赖对方的同时，又会对对方犯的哪怕一点错误感到愤怒。因此，即便对方会给自己带来利益，是自己赖以生存的依靠，这类型的人也会给对方提出严格的要求，甚至全盘否定对方。很多时候对方也会感到厌烦，想结束这段关系。他们的行为常常会招致自己最害怕的事情。

除非遇到一个忍耐力足够强且愿意支持自己的人，否则无论哪种类型，都很难获得稳定的幸福。

另外，有依恋障碍的人因为在自己的成长过程中没有获得稳定的爱，所以在育儿方面往往也会遇到困难。很多创伤严重的人甚至会害怕有孩子。

除了人际关系和育儿问题外，依恋障碍还会造成一个问题，那就是患者缺乏基本的安心感，容易对自己产生怀疑，进而否定自己。他们会感觉自己有点奇怪、缺点什么、空虚、不明白活着的意义，诸如此类，怀疑自己存在的根基。因此，他们往往会在身份的认同上花费很多精力。

事实上，没有建立安全依恋的人更容易患抑郁症或其他身心疾病。他们敏感又不抗压，虽然外表看上去可能很强势、冷酷，但实际上常常感到压力很大，很容易崩溃。

厌恶他人、对他人有排斥反应，很多时候是不安全依恋造成的。不过建立安全依恋的人也会对特定的人产生强烈的厌恶或排斥反应，而没有建立安全依恋的人也会温柔地接纳特定的人。因此，只用依恋理论无法解释清楚人对他人的厌恶和排斥反应。

压力和心理创伤 <<<<

要想理解人对他人的厌恶和排斥反应，还需要另一个有关压力和心理创伤的理论。

从外部环境感受到压力后，身体会发生防御反应，即压力反应。在分泌类固醇激素的同时，身体的交感神经会兴奋起来，激发潜在力量，助其克服困境。

但这其实加重了大脑和身体的负担。这种情况只能速战速决，一旦战线拉长，或者压力过大，过度的神经兴奋就会长期持续下去，伤害身心健康，引发胃溃疡、高血压、糖尿病、脑功能减退、海马萎缩等疾病。

因压力过大引起的不可逆的变化，即为心理创伤。一次惨烈的经历会造成心理创伤，短期可以忍受的压力一旦长期存在，超过极限，也会造成心理创伤。

造成严重心理创伤的经历还会引发长期持续的后遗症。这种后遗症叫作创伤后应激障碍（Post-traumatic Stress Disorder，PTSD）。患PTSD的人不仅会受过度警觉、闪回的折磨，还会回避和创伤经历有关的所有要素。如果某个人给你带来了痛苦的回忆，那么只要见到这个人，身体的自主神经就会发生反应，引起浑身僵硬、脸部扭曲、心跳加速、呼吸困难等。

心理创伤的影响还远不止于此。当一个人经历了极度危险、生命安全受到威胁的事情后，他不仅会对世界失去安心感，还会对人失去信任。即便面对的是曾经信任的家人和朋友，也会像对待从未谋面的陌生人一样抗拒他们的接近。也就是说，心理创伤还会破坏和心理创伤没有直接关系的人与患者之间的关系。

那么，对他人的厌恶和排斥反应会不会也是某种心理创伤的结果呢？

有些确实和心理创伤有关，但并非所有都是。有些人虽然有严重的心理创伤，却不会对人产生厌恶或排斥反应。而有些人明明没有可称之为心理创伤的巨大压力，却还是表现出强烈的厌恶或排斥反应。比如一见钟情的人在一起不久就吵架分手，这种情况就是典型的案例。性格合拍且非常相爱的情侣突然某天开始对彼此的缺点感到厌烦，这样的案例就很难用心理创伤模型来说明。

从生理学的角度理解厌恶感 <<<<

可以从生理学的角度去理解人对他人产生的厌恶或排

斥反应吗？在本章的最后，我想围绕基本情绪之一——厌恶感，介绍一下生理学研究中已经明确的事实。

人刚出生时是没有厌恶这种情绪的。也就是说，厌恶是后天获得的情绪。实际上，即使拿着让很多大人心生厌恶的照片或者令人毛骨悚然的生物给婴儿看，婴儿也会表现得很平淡，甚至反而会充满好奇。除了苦和痛之外，婴儿几乎可以平淡、毫无抗拒地接受令大人感觉不快的所有气味或味道。

但随着年龄的增长，厌恶对象会越来越多。我们就是通过这种方式来保护自己的生命安全的。

从生物学的角度来看，厌恶感是为了保护身体免受病原体、毒素、捕食者、有害生物等危险因素的伤害而发展出来的情绪。它会作为危险的前兆刻在大脑中，等再次遇到同样的危险时，即便本人已经忘记曾经发生的事了，厌恶感也会自动翻涌出来，阻止你摄入或接触。

但是，并不是所有的厌恶感都是通过后天习得的。有一个众人皆知的例外，那就是对异性气味的感知。当对方的免疫系统基因类型和自己相近时，你会觉得对方身上的气味很难闻。而当对方的免疫系统基因类型和自己完全不同时，你会觉得对方身上的气味很舒服。这好像是先天决定的。这种机制可以预防人体免疫系统出现漏洞，有助于生育健康的孩子。

不只是气味，进入青春期后，年轻人会对喜欢和讨厌变得格外敏感。对觉得讨厌的人或事物会表现出非常强烈的排斥。这种现象是由性激素造成的。但是这种强烈的厌恶感或洁癖却肩负着重要的使命。那就是选出和自己相配的伴侣。因为这个选择不仅关系到自己的人生，还关系着子孙的存亡，所以必须严格地将不符合条件的对象排除在外。

这种机制只要不失控，就有助于保护自己的生命安全。但是，为什么它会经常失控呢？

间接习得的厌恶感 <<<<

厌恶感不仅可以后天习得，还能通过传闻、模拟体验等间接习得，像"传染"一样，在看到周围的人对某种事物表现出极度的厌恶时，即便自己原本并不讨厌，也会产生厌恶反应。比如完全不厌恶昆虫的孩子，观察到讨厌昆虫的妈妈在看到飞蛾或幼虫时露出一副很恶心的样子之后，就会渐渐也开始讨厌昆虫。

人对人的厌恶或排斥反应也同样如此。如果你经常听到对某个人的负面评价，那么即便那个人并没有伤害你，你也会对他产生强烈的排斥反应。比如，一个母亲总对孩子讲她对丈夫的不满或愤怒，那么孩子也会开始讨厌父亲。如果你生长在歧视有色人种的环境中，那么即便有色人种没有伤害你，你也会对他们抱有厌恶或敌意。

厌恶感的间接习得可以用来解释厌恶反应过度发生的一部分原因。但有一些现象，比如因为一些小的分歧就开始极度讨厌不久前还大加赞赏的人等，仅凭厌恶感的习得是很难解释的。

那么，人究竟为什么会对他人产生厌恶和排斥反应呢？

第三章

探索内心的墙——
人际过敏症的根源

人讨厌和排斥人是出于什么样的心理呢？目前的研究尚未捕捉到这一问题的全貌，也没有触及这一问题的本质。

如果以过敏模型为基础，从心理免疫这个角度去探索，就可以看到各种症状共通的真正的原因。

从人际过敏症的角度出发 <<<<

为了理解支配人心的憎恨、厌恶等负面情绪，以前的人们做了各种各样的尝试。可见人类的存在本身就是一件非常深奥的事情，由此产生的问题也是根深蒂固的。但是对于人对人产生排斥这一现象，上一章介绍的所有理论和学说都只是投下了一束光而已，并没有掌握全貌、抓到本质。要想接近其本质，就必须从一个超越过往所有角度的新视角出发。

对于人厌恶和排斥人的心理机制，我会从精神病理学的角度出发，将它当作一种心理过敏现象，也就是从人际过敏症的角度来进行分析。

本书之所以选择从人际过敏症的角度展开讨论，是因为这个理论在解释现代人际关系百态方面，要比过往的所有理论都有用。

人体的免疫和过敏机制为本书提供了理论基础。幸运

的是，专家们对人体免疫和过敏的机制已经研究得十分透
彻了。而有趣的是，心理的免疫机制和身体的免疫机制有
很多共通点。

心理的免疫机制 <<<<

·记住并消除异物的机制

"免疫"是指遭到异物侵入时，生物体保护自己的机
制。消除异物，保护自身的反应叫作"免疫反应"。免疫
反应是维持生命活动不可或缺的机制。

从古希腊时期开始，人们就知道感染瘟疫之后，只要
康复了，就不会再感染相同的瘟疫。免疫反应不仅是消除
异物的机制，也是一套记忆系统。它会永久记住曾经侵入
过的异物，等到它们再次侵入时，会立即将其识别出来，
并进行破坏、消除。

过敏是这种免疫反应被过度激活的产物。当身体免疫
系统将不需要攻击、消除的物质也识别为异物时，就会火
力全开地发动攻击，试图将其消除。被攻击的物质有时候

是对自身有益的物质，有时候甚至是身体的一部分，这些物质一旦上了"异物黑名单"，就很难删除了。

·心理也有免疫系统

心理也有类似身体免疫系统的机制。心理的免疫反应和身体的免疫反应一样，会在攻击、消除异物的同时，将曾经侵入的异物记录下来。

如果某个人做了让你感到恐惧或痛苦的事情，那么你不仅会记住这个人，和整件事情相关的场景、物品也会深深地刻在你的记忆中。只要今后你遇到这个人，或者陷入会让你联想到当时场景的状况，心理就会拉响警报，开始准备回避或战斗。这种反应机制强烈且彻底，很难通过理性去控制。

人际过敏症是指对他人产生心理免疫反应，对没必要恐惧或排斥的人也会回避，甚至想要攻击、排除他。一旦产生人际过敏反应，朋友、伴侣、家人也会被当作异物，成为回避、攻击、排除的对象。有时甚至不是特定的某个人进入"异物黑名单"，而是将所有人识别为异物。这样一来，即便想要和他人建立良好的关系，也会不可避免地发生冲突或摩擦。

·多样化的心理防御机制

心理的免疫机制一直被称为"防御反应"或"防御机制"。实际上，心理的免疫机制要比身体的防御机制更加广泛、多样。

为了维持精神上的平衡，面对压力、不开心的事情、难以接受的事情时，心理会启动各种各样的防御反应。比如，把不愿意想起的事尘封心底，就是启动"压抑"这种防御机制。

睡眠、做梦是心理的净化系统。在梦境中，我们经常用更容易接受的其他状况替代现实状况，这种防御机制就是"置换"。

有的人为了维持心理平衡，会将自己同化成攻击自己的人。遭受虐待的孩子往往会使用这种防御机制回避对父母的憎恨。有的孩子还会通过"反向形成"将父母理想化，过度地孝敬他们。

有的人会将难以接受的事情转化为更高层次的形式，进而接受、超越它。这种防御机制叫作"升华"。比如，有些在成长过程中遭受虐待的人，长大后会从事相关工作来拯救与自己境遇相同的孩子，就是出于这种心理机制。

很多人认为将欲望转化为冲动行为是心理防御反应失败的结果，实际上，这也是一种重要的心理免疫反应。最具代表性的例子是"以牙还牙"，即通过伤害对方来消除自己的痛苦。但是，这些人的攻击往往不是针对攻击自己的人，而是依附于自己的人或者更容易攻击的弱者，这也是家庭暴力和霸凌很难收手的原因所在。

当一个人受到的伤害超过心理承受范围时，为了防止崩溃，心理会启动紧急避难的防御机制——"解离"。这是一种暂时切断意识或记忆联结的机制，就如同蜥蜴为了保命，会自断尾巴逃离一样。

当一个人无法承受所有痛苦时，有时会启动"解离"。这是一种通过将发生的事和情感隔离开来，以逃离痛苦的防御反应。大脑中虽保有这段事情的记忆，但并不伴有感情。被解离的感情会在某一天，以一种出人意料的形式出现在毫无关系的场景中。在冲动杀人、令人费解的暴力犯罪事件中，犯人本应具备的情感常常出现脱落。而造成这种情况的一个原因，就是他曾经经历过一些心理创伤，当时被解离的感情像亡灵一样四处游荡，最终以一种出人意料的行为表现了出来。

当一个人处于人际过敏的状态时，会对被当作异物的存在展开强烈的攻击或排斥。他们往往会做出冲动行为，以及上一章中提到的"投射""躁狂防御""自恋型防御"等保护自己、惩罚他人的防御机制。除此之外，也有很多人会陷入自闭状态，通过与他人保持距离或回避亲密关系来保护自己。

·自然免疫和获得性免疫

免疫是生物体保护自己免受异物攻击的机制，大致由两个系统构成。

一个是自然免疫系统，即对所有外部侵入者进行整体防御的系统。像昆虫这样相对简单的生物只能依靠自然免疫系统保护自己。如果它们被大量超出自然免疫防御能力的强敌一次性侵入，基本只能等死了。因此，昆虫受伤后的死亡率是极高的。但是，生物界以多产多死为前提，每一个个体都是随着季节生长和消亡的，因此，自然免疫就足够了。

　　然而，像脊椎动物这样更加复杂、需要更多时间成长的生物，则需要更长的生存时间。为此，它们进化出了另一个免疫系统，即获得性免疫系统。获得是指后天习得。

　　这个免疫系统会将过去遇到的所有异物都记录下来，并针对每一个侵入者，成立专门处理它们的"特殊部队"，以备不时之需。但是，仅仅细菌、病毒这一类侵入者，种类就多到令人咋舌。培养大量平时很少有机会出动的"特殊部队"非常耗费精力。因此，对于暂时不会侵入的异物，免疫系统会大量减少针对它们的"特殊部队"的数量，只保留最基本的数量。等到异物再次侵入时，系统就会快速调动"特殊部队"来对付它们。

　　这个系统有助于消除有害的细菌和病毒。但是，如果过度运行，将不需要消除的物质也一并消除，就会引发过敏。

　　心理免疫和身体免疫一样，也有类似自然免疫和获得性免疫的机制。

　　相当于自然免疫机制的，是与生俱来的应对压力和他人攻击的能力。前文也提及过，睡眠和做梦有助于消除压力，是与生俱来的极其重要的防御机制。遗忘也是维持理智所不可或缺的机制。情绪反应以及与其有关的战斗或逃避反应，也是心理的自然免疫。即便是缺乏社会经验的孩子，在遇到不开心的事情或者受到攻击时，也会生气、号啕大哭，有时也会寻求帮助，甚至还会反击。

同时，人的心理还有一个经过进化的免疫系统，即通过经历习得的心理获得性免疫。这个系统包含两种能力：一种是对照着过去遇到的"异物黑名单"，识别危险对象的能力；另一种是根据对方的特性，进行有效应对的能力。在这两种能力的协助下，我们的心理可以快速判断出对方的可信度，然后选择恰当的方法来应对。当判定对方有危险时，就会产生厌恶、反抗、憎恨等心理排斥反应，让自己不要靠近对方。如果对方依旧进一步越界，就搭起拒绝的防线。如果对方向自己发起攻击，就进行反击。经过这一系列的应对，对方不再来侵犯，这就是免疫成功。

因为和不信任的人交好或对危险的人抱有好感而遭受巨大伤害的例子不胜枚举。为了防止这类事情的发生，必须在嗅到对方不可信、很危险时启动排斥反应，来阻止对方的接近或侵入。

在人际关系中，为了避免自己的利益受到损害或被过度榨取，这样的心理免疫反应非常重要。身体的免疫反应是保护身体健康、维持生存所不可或缺的。同理，心理的免疫反应也是保护精神的自由和自立、维持心理健康所不可或缺的。

·区分异物和非异物的机制

我们的身边被无数的异物包围着。为了在这样的环境中生存下去，我们不仅要排除有害的异物或外敌，还必须和无害、支持自己、对自己有益的人建立和平共处的关系。

为此，我们的免疫系统不会对应该共存的物质发动攻击或排斥。但是当免疫系统出现问题时，就会引发过敏。

"免疫宽容"是指在面对异物时，抑制住攻击、排斥的机制。幼年时期的免疫系统还不成熟，身体会将这个时期接触过的物质视作自己的一部分，而不是异物，从而抑制免疫反应（排斥反应）。也就是说，从小就共存的物质会被视作自己人。但是，一旦免疫系统发育完全，再侵入的物质就都会被视作异物，当成攻击和排斥的对象。

心理免疫也有相同的机制，即心理的免疫宽容。

·心理的免疫宽容和依恋

如果将他人视作异物，逐一攻击、排除，那么社会生活很快就会陷入僵局。正如身体需要营养和休息，心理也需要周围人的支持和爱。虽然有必要对有害的存在予以攻击、排除，但人是社会化的生物，为了在社会上生存下去，需要一个机制，让人在面对无害、支持自己的人时，发起心理的免疫宽容，不将他人视作异物。

事实上，我们是有这样一种机制的，那就是前一章提到的"依恋"。我们会对幼年时一直在身边照顾自己、爱自己的人形成"依恋"这种生物学上的情感联系，永续的亲情和信任也由此诞生。虽然他们也是他人，但在我们心里，他们是和自己血脉相连之人，是自己的心之所归，危难时刻可以去他们身边避难。

与能够完全信任的特定之人形成依恋是人际关系的基础，可以让人更容易与他人进行亲密的交往或享受与人相处的时光。

如果一个人在幼年时期没有和养育者形成安全依恋，那么他就会对他人抱有极度的戒备心，很难与人保持长期的信任关系。

　　和养育者形成安全依恋的孩子，不仅更容易与他人建立亲密关系，排除有害存在的能力也更强。反之，早期没能形成安全依恋的人，不仅无法和必要的人建立亲密关系，还容易去接近有害之人。依恋和心理的免疫功能息息相关。

·为什么常常被危险之人吸引

　　分娩时，即便母亲将肝炎病毒传染给了孩子，这个孩子很多时候也是没有症状的。因为婴幼儿的身体会接受病毒，不与其斗争。尽管没有症状，但是病毒一直隐藏在体内，这就是身体对肝炎病毒产生了免疫宽容。

　　心理的免疫宽容也同样如此。一个人在幼年时，如果对身边不为世俗所容的、令人困扰的人感到很安心，毫无抗拒地就接受了，那么长大后再遇到这样的人，也会感受不到其危险性，从而无法生起戒备心，有时候甚至会因为感觉到亲密感或安心感而被吸引。

【案例1】
只对危险的男性心动

　　十八岁的和佳奈（化名）不顾身边人的劝阻，从好不容易考入的大学退学，去夜总会工作。和佳奈的母亲是一个非常认真的人，在一家公司从事专业性强的工作。她总是唉声叹气，不明白女儿在想什么。明明长得很漂亮，头脑也很聪明，还在钢琴比赛中获过奖，可……

　　在和佳奈小学四年级的时候，她的双亲因为父亲的家暴和债务问题离婚了。自那之后，她就再也没见过父亲。但是，一直以来，她都很渴望父爱。父亲年轻时是个出了名的飙车爱好者，肩膀上也有文身。父亲虽然性格非常粗暴，但行事果敢，散发着浓烈的男性魅力。

　　母亲的娘家曾经营了一家土木建设公司。有一次，在那里工作的父亲骑着摩托车把当时还是高中生的母亲送到了车站。以此为契机，两人开始交往，并很快发生了肉体关系。虽然知道不妥，但为人正派的母亲还是没能放弃夺走了她处女之身的男人。她不顾父母的反对，半私奔式地和父亲生活在了一起，但她很快就后悔了。离婚后，母亲以为终于可以过上安稳的日子，但她又想错了。和佳奈开始堕落，专挑行为乖戾的男性交往。

母女关系一度降到冰点。后来，母亲意识到不能再这么下去了，于是开始努力和女儿修复关系。和佳奈也体谅母亲的心情，考入了大学，还试着和母亲认为合适的同龄"普通"男性交往。但是，面对这样的男性，她完全没有心动的感觉。反而每次遇到散发危险气息的男性，她就不受控制地被吸引。

·曾经的心理创伤和增强效应

免疫宽容是一种抑制免疫反应的机制。与之相反，还有一种增强免疫反应的机制叫作"增强效应"。想必大家都知道，婴幼儿免疫力低下，必须接种疫苗，来加强免疫力，有的疫苗还需要多次接种。

心理的免疫机制也有相同的现象。有些人吃过一次亏不会长记性。但是如果连续两次遭遇同样的事，就会产生戒备心；如果连续吃亏三四次，就会不断增强戒备。

人际过敏症同样如此。第二次遇到"抗原"时的过敏反应一定比第一次强烈得多。

就像我们曾经被某个人伤害，再次遇到这个人，哪怕遇到和这个人长得有点像的人，也会产生排斥反应，没来由地感到极度紧张、焦躁不安，或是充满戒备，做一些本能的反抗。

以往心理医生都是从负移情或者投射性认同等角度来分析这个现象的，但将其当作再次接触过敏原而免疫反应被重新激活或许会更容易理解。在增强效应的作用下，过去曾经发作的人际过敏症得到了加强。这也就能解释为什么和有些人明明是第一次见面，他们却能突然引起我们强烈的排斥反应或情绪不安。

·成为过敏原的机制

所有过敏都是后天引发的。为了方便理解，我们以花粉过敏症为例。近年来，婴幼儿出现花粉过敏症的情况不断增加，但大多数人一般都会在达到一定的年龄之后才发作。明明往年接触花粉都没事，却从某个时候起突然出现了花粉过敏的症状。而且一旦出现症状，之后的每一年都会出现过敏症状。这是因为以前花粉没有被识别成异物，经过反复的接触才被识别为异物，进而发生了过敏反应。而且一旦被视作异物，就很难再改变。

那么，为什么会发生过敏反应呢？食物过敏、过敏性皮炎、支气管哮喘的发生机制如下。

通常情况下，覆盖在皮肤或腔道表面的上皮细胞保护着我们的身体。花粉、食物等会被上皮细胞这层屏障隔绝在体外。但是，当感冒导致支气管黏膜受损，或是皮肤被抓伤时，异物就会穿过屏障的漏洞侵入体内。当异物穿过表皮，侵入真皮时，人体就会将这些曾经不是异物的东西识别成异物，进而开始攻击和排斥，最后引发过敏。

人的心理平时也被心理屏障保护着，不会对屏障外的东西产生戒备和排斥反应。但是，如果心理屏障因为某些原因受伤导致防御能力减弱时，外部的东西趁机侵入，心理的免疫系统就会将其识别为异物，进行攻击和排斥。

换言之，如果在内心脆弱的时候发生令人不愉快或痛苦的事情，那么以往无害的存在就会被识别为威胁心理安全的异物，进而引发排斥反应。本来喜欢到一刻都不能分离的人，在某天突然变得只要靠近就会感到厌恶，就是这个原因。

成为异物的原因 <<<<

人际过敏症是将他人识别成异物，继而进行排斥的过度反应。那人是如何判断对方是异物的呢？

判断的标准有很多，容貌、社会地位、兴趣爱好、教养、经济实力、学历、价值观、性格等都可以作为标准。但有时候，对方在这些方面都不理想也会被接受。

另一方面，每个人都有绝对不能让步的底线。如果触犯底线，无论对方多么完美，都会被视作异物。和条件很好的人结婚后，最终以离婚收场，或是一开始关系很好的两人以交恶收场，这些情况很多都是因为触犯了不能让步的底线。

那么，判断对方是否为异物的基本标准是什么呢？

·是否会伤害自己

最重要的标准是不会伤害自己。像暴力这样会造成身体伤害的行为自不必说，是否会伤害到心情、自尊或者是否会侵犯私人领域也是非常重要的考量标准。

只要不影响对方的心情，或侵犯对方的领域，那么即便稍微给对方添点麻烦，也还有被接纳的可能。

【案例2】
让人恨不起来的性格

我的前同事中有一个性格古怪的医生。他很有艺术家的气质，但是个"起床困难户"，因此经常迟到。很多时候都需要护士打电话叫他起床。他做事迷迷糊糊、我行我素，有时甚至会忘记药物的处方。但令人意外的是，他从来没有出过大问题，这是因为负责的护士会认真检查。虽然对于负责的护士而言，庇护他非常辛苦，但我从来没听过她们抱怨，想必是因为内心接受并喜欢他吧。

我想这其中最重要的原因是他从不责备周围的人，也从不摆出高高在上的态度，有时候还会主动承担麻烦的事情，接受费力不讨好的工作。也就是说，他的性格虽然有点吊儿郎当，但绝不自私，更不会做攻击他人或推卸责任的事。他不做影响他人心情的事，也不会侵犯他人的领域，所以别人才会接纳他，将他当作朋友。

毫无顾忌地暴露自己的窘态也增进了别人对他的亲近感，抑制了别人的排斥反应。所谓伸手不打笑脸人，指的就是这种情况吧。

这个同事对升职加薪没有兴趣，后来回到大学当了教授。可以说，不树敌、没野心的性格降低了周围人对他的戒备，最后反而让他升职加薪了。

相反，如果一个人的言行、态度总是让人不悦，就相当于撒下了会引起过敏反应的种子。一着急就容易说出情绪化的话，情绪会表现在神色或态度上的人尤其需要注意。排斥反应会累积，当这个人处于弱势的时候，那些引发过敏反应的种子就会从四面袭来，攻击他、排斥他。

·是否有共同的常识或规矩

第二重要的判断标准是：是否和自己有共同的常识或规矩。若没有，期待就会落空或感觉遭到背叛。出于好心做的事也会被训斥。相处起来非常痛苦，压力剧增。

一个人的规矩只要能被周围的人理解，并能被事先预测到，那么即便有些许不同，也可能被接纳。前文中列举的医生同事的例子就属于这种情况，但这也是有限度的。

如果彼此的规矩相差太多，就很容易被对方判定为异物，成为排斥或攻击的对象。

每个人的常识和规矩都不同，有时候甚至会完全相反。比如，重视传统价值的人会对无视社会常识的生活方式表现出强烈的排斥。相反，对于追求自由的人而言，被既有价值束缚的生活方式会显得很无趣。

每个人都有各自的道理，无论怎么讨论，也难以达成一致。在某种意义上，人的这种多样性就像血型一样，没有好坏、胜负之分。

每种血型都各有利弊，在某些条件下，利也会转化成弊。如果只留一种血型，那么环境发生变化时，整个物种的生存就会受到威胁。为了分散风险，防止灭绝，需要储备各种血型的人。从这个角度来看，之所以会有那么多变种，就是因为每个变种都对整个物种的生存有益。

然而在现实生活中，人与人之间会因为不同而发生各种争吵和纠纷。虽说从整体上来看，多样性是不可或缺的，但事实上，和有不同常识或规矩的人朝夕相处并非易事。

【案例3】
本应相处愉快的朋友

宏美（化名）是一个四十多岁的家庭主妇，一年前开始去健身房健身。在那里，她遇到了性格开朗的优里奈（化名）。两人相谈甚欢，经常一起吃午饭、喝茶、聊天。

在愉快相处大约半年后，宏美发现优里奈经常在金钱方面占便宜。一开始，两人还会互相请客，但最近宏美请客好像成了理所当然的事情，有时甚至得不到对方的一句感谢。自从有了这样的感受，宏美就开始发现优里奈的性格有点懒散，聊天时也常常无法认同她说的话。

这种分歧达到顶点是在谈论男性出轨问题时，优里奈说："男人都会出轨，只不过有人比较聪明，不会被发现，而有人比较笨。"还打趣般地说了自己丈夫的出轨经历。宏美不由得反驳她说："我家可不是这样的。"结果反被嘲笑："哎呀，那可真是对不起了，不过你也别这么较真嘛。"

自那之后，宏美对优里奈说的每一句话都会感到恼火，于是开始频繁拒绝优里奈约她吃午饭或喝茶的邀请。哪怕只是偶尔在健身房看到她或听到她的声音，宏美也会很烦躁。原本喜欢的健身也变得不愿去了。最后，宏美换了健身房，删掉了优里奈的联系方式，心绪才终于恢复平静。

之所以会产生如此强烈的排斥反应，是因为宏美在金钱来往和贞操观念方面受过很严格的教育，优里奈懒散的生活方式与宏美的价值观相悖，因此触犯了宏美的底线。

这种在常识和规矩方面的不同，会随着关系变得亲密而愈加明显，且很难妥协。在不停地和这种常识、规矩与自己不相容的人接触的过程中，你会感到越来越不开心，越来越痛苦，仿佛自己一直以来坚持的信条和身份受到了威胁一样。

现实生活中，有些时候不得不妥协并迎合对方。只在价值观重叠的范围内和对方接触，其他时候与之保持距离，这或许是在现实生活中相对务实的应对方法。当然，也有完全被对方同化，性格大变的情况，这也是为了回避人际过敏症而采取的适应策略吧。

·能否共享兴趣和情绪

能否与自己共享兴趣和情绪也是一个重要的标准。和前面两个标准相比，这个标准的难度更高。它不仅是判断对方是否为异物的标准，还是判断是否可以将对方视作值得信任的朋友，将其纳入亲密关系领域的重要标准。

先来讲一下共享兴趣吧。

假设你抛出了棒球选手的话题，想和对方聊一聊棒球，对方却没接你的话，转而聊起了你不感兴趣的滑冰。这时，你一定会觉得被对方忽视了吧。

当你说起自己工作有多辛苦，对方却打断你的话，反问："你什么时候才能升职呢？"这时，你一定不想再继续说下去了吧。对彼此抛出来的话题感兴趣，并想要进一步交流的态度，是成为朋友的必要条件。

总是无视对方并岔开话题的人，和总是否定对方说话内容的人，尤其需要注意。即便你没有恶意，对方也会给你贴上聊不来的标签，然后不知不觉间将你视作异物。与人交流缺乏对视、附和、点头等相应反应的人也需要注意。你可能以为自己在听对方讲话，但在说话的人看来，和你聊天得不到任何回应，是因为你对正在谈论的话题不感兴趣。周围的人聚在一起谈论一件事时，总是一脸不感兴趣、漠不关心的人，也容易被他人视作异物。

丈夫下班回家已经很累了，这时如果妻子唠唠叨叨地跟他讲孩子和邻里之间的琐事，他只会敷衍地应和两声，或者干脆打断话题，说："我已经很累了。"长此以往，妻子就会渐渐将丈夫当作异物，而非自己人。发生排斥反应也是早晚的事。

共享情绪的难度更高。但想与他人成为彼此信任的朋友，就必须达到这个标准。

当一个人感觉对方懂自己时，痛苦会减半，开心会加倍。在依恋理论中，这种能和自己共享情绪的人被称为"安全基地"，和异物截然相反，是最值得信任的自己人。

人可以自然而然地感受到对方是不是自己的安全基地。如果是，那么只要他在身边，就会很舒服、很安心。和他聊天能够舒缓心情，还能在不经意间得到答案或者获得力量和勇气。

父母和伴侣本应是最能让我们敞开心扉的人，但有时候他们也会失去成为我们安全基地的资格。比如，当你向他们诉苦时，他们却训斥你，说你不够努力，或是对你说教，给你提供你认为不必要的建议。长此以往，你就会觉得他们难以亲近，引发排斥反应。

无法成为别人安全基地的典型人群是只会倾听，却不会共享情绪的人。他们听了你的话之后，只会发表自己的想法或意见，然后给出自以为是的建议和指导。他们根本不懂，你需要的不是这些，而是他们的理解。

这就好比你笨拙地弹奏了一个曲子，希望对方听一下。但对方却觉得自己能弹得更好，于是无视你想要弹的曲子，自顾自地开始弹奏别的曲子。

为什么会有那么多人花钱来做心理咨询呢？是因为他们发自内心地信任咨询师吗？不是的，那是因为心理咨询师可以和他们共享情绪。对于很多现代人而言，在日常生活中，已经很难有与人心意相通的体验了。

·为了维持自我

为了维持自我，有时候也需要排除"非我就是异物"的反应。为了防止在不知不觉中失去自我，或者生活得不像自己，最好还是和三观一致，值得自己尊敬、信任的人交往。如果要和对方共同努力、共度余生，那就更要用严格的标准来甄别对方是否值得深交。

虽然排斥反应过于剧烈会给人造成很多困扰，但同时也能让你敏锐地感知对方是否值得信任。当你开始对某个特定的人产生不信任或合不来的感觉时，请务必好好思考，这种排斥反应在警告你什么。也许它正在试图引导你，让你不要步入歧途。

如果你对一直以来都非常珍视的人产生了排斥反应，那很有可能是因为你们在生活方式、价值观等最根本的问题上出现了分歧。排斥反应也许在告诉你，是时候面对这个自己一直逃避的问题了。

人际过敏症的堤坝 <<<<

· 安全依恋会吞噬过敏的种子

变态反应是指免疫细胞将某种物质识别为异物，并对其产生抗体的过程。抗体就相当于为侵入者埋的地雷，不仅能发现异物的入侵，还能将其破坏、消除。

过敏主要与免疫球蛋白E（IgE）相关。这种抗体就像地雷区一样，附着在免疫细胞的周围，等待异物的入侵。异物入侵后会和抗体结合，促使免疫细胞合成，并分泌大量组胺等物质，引发过敏反应。

由蜂毒、药物等引发的过敏性休克，会在第二次接触抗原时立即引发严重的过敏症状。但通常情况下，人体即便发生了变态反应，生成了抗体，也不会立即出现过敏症状。

检测IgE时，经常会发现针对花粉、食物、动物毛发、室内粉尘等的抗体值明明高于正常值，即从数据上来讲，确实发生了过敏，但实际上，人体却没有表现出任何症状。这其实是过敏反应的一个阶段——致敏阶段。有些人可能会一直处于这个阶段，一辈子都不出现症状。

即便出现了症状，大多也是在反复的接触中慢慢变严重。然后从某个时期开始，正式形成过敏。也就是说，发生变态反应后，身体的某个机制在抑制过敏症状的出现。

心理的免疫系统也同样如此。即使发现和对方合不来，产生了轻微的抗拒、不信任等心理抗体，大多数情况也不会马上进入正式的过敏状态。小小的过敏种子被吞噬了，抑制过敏的功能还能正常发挥作用。

在心理的免疫系统中，前文提到的依恋发挥着免疫宽容的作用，即不会对自己人发动攻击或排斥。形成安全依恋的人通常能更好地抑制对他人的过度异物反应。

人与人之间相处时间久了，难免都会产生一些意见上的分歧，这是正常现象。相处得越久，距离越近，产生的分歧、不满等就越多。

但是，还是有人能和同一个人维持长期友好的伙伴关系。这些幸运人士当然也会对他人产生不满的情绪，但长年的共存关系增加了对彼此的宽容。这种宽容能吞噬不合、不满等轻微的异物反应，让双方能够承认分歧、消除分歧，最终接受对方。在这个过程中，安全依恋能使人抑制内心将伙伴当作异物排除在外的想法。

· 性关系的作用

形成心理免疫宽容的时期主要是婴幼儿期。除此之外，还有一个重要的时期，那就是生殖期。在这个时期，为了生育孩子，人需要与异性建立亲密且稳定的关系。因此，对异物的厌恶感就会成为一种阻碍。

比如，像亲吻或交媾这样的行为可以说是不太卫生的。但是，人在做爱时，尤其是和相爱之人交织在一起时，反而会很喜欢这些行为。这是因为性兴奋或爱情将厌恶感压制了下去。

拥抱和性高潮会促进人体释放一种叫作催产素的激

素，让人感觉舒服的同时，也让人的内心充满爱恋和柔情。即便对方是陌生人，也会半真半假地说出"我爱你"这样的话。性行为可以让人对共享喜悦的对方生出安心感和信任感。

在一段健全的关系中，性连接可以抑制异物反应，从而促进双方建立长久、稳定的关系。

但是，也有人会滥用这个机制。一个人和他人发生关系后，就会形成心理的免疫宽容，这就好比给他人配了一把备用钥匙一样，可以任人自由出入。

· 同化和自恋移情

无论是对孩子的爱，还是对伴侣的爱，一个人对某个特定的人产生持续的爱，都是因为在催产素的作用下对那个人产生了依恋。一旦形成依恋，对方就会成为特别的存在，不再是茫茫人海中的一个。

母亲对孩子的疼爱以及情侣中一方对另一方的痴恋，已经超越了生物学的机制，与更高层次的精神作用有关。在这种精神作用之下，即便依恋不太稳定，或是在肉体上已经厌倦对方使爱情本身蒙上阴影，双方的关系也还是会持续下去。

　　精神作用有两个典型，即强迫型人格和依赖型人格。前者忠诚、责任心强，无法抛弃他人；后者自己一个人会有强烈的不安感，认定自己不依赖他人就无法生存下去。这两种精神作用都为维持孽缘提供了助力。

　　和自己的"同化"或"自恋移情"也是一种精神作用，可以强化和他人的关系。当一个人将另一个人视作自己时，心理就不会将其识别成异物，从而也就不会去排斥他。

　　举个例子，即便有暴力倾向的父亲会伤害自己，有的孩子也会把这种暴力行为当作是父亲对犯错的自己的惩罚，并将父亲视作强大、正确的存在从而接受他。不仅如此，有些人还会通过模仿父亲的行为和父亲同化，以此来避免对父亲产生恨意。

　　同化进一步发展，就会变成自恋移情。海因茨·科胡特认为，自恋移情有两种。一种是"镜像移情"，即将对方视作镜子里映照出的自己或双胞胎中的另一方，从而认定对方和自己是一样的。既然对方是自己，就没有必要排斥，痴情地看对方也是自恋的体现。另一种是"理想化移情"，即将自己的理想投射到对方身上，将对方当作和自己理想一致的形象看待。既然对方是理想中的自己，不仅不用排斥，还要尽情赞美、沉迷其中。

幸好依恋不稳定的女性也能在生物学机制的帮助下成为母亲。胎内的孩子是一个未知数，未来拥有无限的可能性。因此，母亲容易从孩子身上找到梦想。她们会自言自语般地和孩子说话，描绘美好的未来，而这都是母亲的幻想。孩子变成了母亲愿望、理想的分身，这种盲目自恋的心理免疫宽容让母亲忘记了自己背负着的不开心或痛苦。

为了孩子的稳定发育，母亲需要在一段时间内将孩子的欲望当作自己的欲望。

然而，如果母亲有严重的依恋障碍或者总是否定自己，那就很难和孩子同化。她们会觉得孩子是异物，即便在某种程度上和孩子同化了，也会因为孩子和自己相似而否定孩子。

虐待孩子就是因为母亲觉得孩子是折磨自己的异物。虽然通常孩子刚出生那一年对母亲来说是最累的，但三四岁的孩子更容易遭到虐待。这是因为在这个年龄段，孩子开始有自己的思想和个性，变得和母亲理想中的同化存在不一样了。母亲无法接受孩子的这种变化实际是一种成长，将其看作对自己的背叛。因此，为了保护自己，母亲开始将其当作异物加以排斥。

心理的免疫宽容一旦破裂，发生剧烈排斥反应的情况就并不罕见了。

另一方面，成熟、稳定的人不需要一直依赖和孩子的自恋型融合。因此，他们会在孩子需要同化和融合的时候一心一意看着孩子。当孩子不需要了，他们就会尊重孩子本人的自主性，将其视作一个独立的人格。即便孩子展现出了不同的想法或性格，也能保持宽容，继续支持他们。

· 撤销的爱

在成年人的关系中，同化和自恋移情也会带来心理的免疫宽容，创造出甜蜜的蜜月期，但这是把双刃剑。这只是将自己的幻想强加给对方而已，这种关系迟早会破裂。

【案例4】
尼采与瓦格纳

在作曲家瓦格纳成名前，新锐古典学家尼采就非常迷恋他的歌剧，称其为"可以媲美希腊悲剧的新型艺术"。两人迅速拉近了彼此的距离，开始书信往来。但是，尼采却错以为他们之间的关系是平等的友情。有一次，尼采将自己作的乐曲给瓦格纳看，却得到了非常冷漠的对待。自那之后，两人的关系就开始变得奇怪。在瓦格纳眼中，只有自己的音乐才是最重要的，尼采不过是自己的崇拜者而已。受到侮辱的尼采非常难过，于是和瓦格纳绝交了。两人渐渐开始讨厌对方，最后还升级到了互相攻击。

说着"上帝已死"的尼采，其实是牧师的儿子。父亲去世后，在母亲的教育下，他变成了一个生活中只有学习的优等生，性格认真又有点神经质。另一方面，瓦格纳却是自恋的化身。他从未见过自己的亲生父亲，为达目的不择手段，曾欺骗过善良的国王，让他给自己献上了一笔巨额的钱财。还私通自己乐团指挥的妻子，让她生下孩子，并对此毫无罪恶感。两人的生活常识可谓截然不同。在瓦格纳的常识中，这个世界上就只有"天才瓦格纳"和"其他人"，"其他人"只需赞美、侍奉瓦格纳即可。与此相反，尼采的常识则在传统道德观的范畴内。

在察觉到自己想错了时，尼采对瓦格纳的狂热瞬间冷却，早就出现在心中的违和感转变为强烈的排斥和憎恨。在得知瓦格纳一直利用自己炽热的崇拜后，尼采更是怒不可遏，难以原谅瓦格纳。

·回归自恋

在成年人的关系中，和伴侣的关系会体现出非常显著的盲目自恋，而这都是由心理融合和自恋移情造成的。在互相吸引、互相爱慕、互相尊敬时，双方会觉得彼此最珍视的东西是一样的。对方的存在为自己追寻梦想提供了支持和动力。

在感受到彼此是拥有相同价值观、兴趣、情绪的命运共同体时，伴侣就会成为和自己一条心、难以分离的存在。即便有很多不同之处，也只能看到共同点，不会将对方视作异物。

但是，当开始感受到彼此重视的东西已经不同时，心理融合和理想化移情就会破裂，并丧失魔力。这时，在你眼中，对方就是一个毫不顺眼、令人不快、难以忍受的异物。以往不当回事的问题也会滋生难以置信的厌恶感。这种厌恶感又会滚雪球般地不断膨胀。对伴侣产生的人际过敏症很快就会让共同生活陷入困境，每次见面都会发生争吵。此时，要么选择冷淡沉默地应对，不与对方产生深度的联系，要么违心地附和，维持岌岌可危的情感关系。如果无法忍受，就只能保持距离或彻底分开。

【案例5】
安部公房与他的妻子

　　日本小说家安部公房运用超现实主义的手法开创了自己独有的文学风格，著有《墙》《砂女》《他人的脸》等小说。同时，他也是著名的剧作家。对安部公房而言，他的妻子真知子是一个理想的伴侣。安部公房在数学方面很有天赋，也喜欢看艰涩难懂的哲学书。而就读于女子美术大学的真知子却截然不同，她有敏锐的直觉，擅长表达，是很美好的女性。

这个魅力四射、擅长社交的伴侣为孤独的安部公房拓宽了人际关系，给他带来各种各样的机会和刺激。真知子陪安部公房走过了默默无闻的时期，在他开始崭露头角、大放异彩时，也依然常伴左右，支持他的工作。

但是，到了五十岁之后，真知子却开始把更多的精力投入到对自身世界的追求上。对于曾立志成为画家的真知子而言，这是对追求自我的自然流露。

然而，安部公房却难以接受妻子的这种转变。妻子变成了另一个追求自己独立梦想的艺术家，不再是给予自己灵感，能和自己共享喜悦、理想的另一半。安部公房和真知子之间渐渐生出嫌隙，最后安部公房离开了东京的家，开始在箱根的别墅独自生活。

决堤和负面连锁反应 <<<<

· 接触抗原的次数增加

抗原的作用与缓冲、抑制抗原的机制之间一旦失衡，身体就会出现过敏症状。

如果与抗原接触的次数增加，以往无害的东西就会渐渐成为异物。此外，体内还会产生很多像地雷一样的抗体。在经历了一次次的小爆发后，最终引发大爆发，即开始真正的过敏。除了异物的反复侵入之外，一次性被大量异物侵入也会增加出现过敏症状的风险。

在物资匮乏的年代，人们只能偶尔吃到乳制品和海鲜。但是，随着时代的发展，如今可以每天吃到这些东西了，人体也因此很容易发生过敏反应。越来越多的孩子出现海鲜过敏，就是因为从小接触海鲜的机会增加了。

人际关系也一样。如果只是偶尔见面的朋友，即使对方身上有一些自己看不惯的特质，也可以当作个性一笑而过。但如果每天见面，就很容易引发强烈的排斥反应。

近年来，妻子和退休的丈夫关系僵化，最终离婚的情况不在少数。大部分妻子已经对丈夫（抗原）产生了变态反应，早就生成了心理上的抗体。但随着丈夫退休，和他接触的时间急剧增加，这时就会引发剧烈的过敏反应。

与一开始觉得很优秀的人相处一段时间后，渐渐产生异物感或不愉快的感觉。之后如果继续交往，不信任感就会增强，发生冲突的次数急剧增加，最终产生难以忍受的厌恶感和强烈的排斥。这种案例真的非常多。

　　些许异物感或不愉快会引发心理的过敏反应，此时，心理上将对方识别成异物的同时，也会生成抗体。这些抗体一开始会潜伏在心里，直到某一天被对方违背你意志的言行或令你不快的态度触发，引起激烈的怒意或排斥反应。在这之前，你并没有对对方的这些言行态度表示出任何的不悦，于是对方也会对你的态度转变产生疑惑，进而开始反抗。这又导致异物（抗原）增强，心理生成更多抗体，进一步引发怒意、攻击、厌恶和排斥等连锁反应。

　　·事不过三
　　如果只是发生了一两次不愉快，并且这一两次不愉快没有触及底线，就不会产生心理过敏。但是事不过三。如果同样的不愉快一再发生，且警告或请求之后也不见改正，那么抗原就会增强，进而引发过敏反应。如果早就已经发生了过敏反应，那就会直接引发人际过敏症。

【案例6】
令人困扰的新人

纪美子（化名）是一位三十多岁的女性，在医院工作。她责任心强，工作能力也很强，迄今为止，已经克服了很多困境。

事情发生在负责管理的主任退休时。纪美子身上的负担本来就很重，可新录用的女员工又让事态进一步恶化了。新人是一个非常开朗健谈的人，一开始给人印象挺好的。但是一起工作后才发现，她非常懒散，总是出错。比如写病历的时候，如果被委托其他工作，就会把写到一半的病历放在一边，最后忘记写。再比如总是忘记传达重要的信息。这样的事情层出不穷。

最初，纪美子以为是她还没有习惯工作内容，所以教了她防止犯错的方法。她也一副老实的样子，说今后会注意的。但她只是说说，下次还会犯同样的错误。教她的方法也不采用，非常我行我素。每次发生这样的情况，纪美子都会觉得花时间教她方法纯属浪费时间，于是也就没了指导她的意愿。

最近，可能是因为逐渐习惯了职场，这个新员工的工作态度变得更加散漫了，犯的错误也越来越多。纪美子虽然身居管理职位，却不得不替新员工向患者和医生低头赔罪。而新员工本人却全然没有负罪感，继续嬉皮笑脸地向周围的人撒娇。有的医生甚至还说："真是招了一个性格开朗的好员工啊！"

最近，纪美子只要看到新员工的脸就觉得厌烦，只要听到她的声音就觉得恶心。她的睡眠也变浅，总是非常焦虑、郁闷，甚至开始考虑，如果医院继续雇用那位女员工，她就辞职。

在这个案例中，纪美子一开始也是能接受新人犯错的。但次数多了，就完全陷入了人际过敏的状态。一旦出现症状，就再难共存。忍耐只会让自己承受巨大的压力。

·引发强烈排斥反应时

身体上的过敏会让人非常难受，不过通常情况下并不致死。但是，其中也有像过敏性休克那样强烈的排斥反应，让人只要接触抗原，就会有生命危险。

器官移植后，如果发生强烈的排异反应，就回天乏术了。好不容易移植的器官，身体却将其认定为异物进行排斥和攻击，最后引发坏死。这时候，共存已经不可能了。

　　人际过敏症也是如此。就算已经产生了人际过敏的症状，很多人也会依靠以往的信任或自身的理性，尽可能地忍耐，让事情过去，而不是突然开始排斥或攻击对方。但是，如果不利的因素继续出现，最终就会达到极限。一旦超过了极限，用来压制过敏的理性或依恋就会瞬间失去力量，甚至还会将自身的理性用于合理化排斥和攻击对方的逆转现象。

　　如果无论如何都和对方合不来，且产生了强烈的人际过敏症状，那就只能远离对方了。一味地忍耐只会扩大伤害，不仅给日常生活造成影响，还会损害身心健康。

【案例7】
性情大变的妻子

　　晃一（化名）曾经在一家大公司工作，是个活跃在一线的技术人员。大约五年前，他从公司离职，成立了自己的公司。他的妻子沙希（化名）比他小五岁，婚前在商场做售货员。有了孩子之后，沙希就开始一心一意经营家庭，可以说是称职的贤妻良母。

晃一创业后，有一段时间收入不太稳定。为了填补家用，沙希就找了份临时工的工作。在晃一因为工作压力得了抑郁症时，她也没有一句怨言，一直在身边支持他，并开始了全职工作。由于晃一经常去国外出差，所以孩子的养育工作也基本上是她一个人解决的。不仅如此，就连会计工作，出差时的交通、住宿安排等事务也都是沙希一手包办的。

有一次机票没有预订成功，影响到了晃一在国外的工作。这其实是委托的旅行公司的工作失误，但晃一却勃然大怒，在电话里把沙希骂了一顿。

一个月后，晃一结束国外的工作回到家里，却发现家里的气氛有点不对劲。妻子没有像平时一样出来迎接，也没有对他说贴心的话，而是一直无视他。屋子里也是乱糟糟的。晃一先是有点困惑，而后开始生气，大声训斥沙希："你知道我在外面工作有多辛苦吗？"

结果，沙希满脸愤怒地将之前的所有不满都发泄了出来，然后抛下一句"我不是你的奴隶"，就离家出走了。

见沙希好几天没有回来，电话也打不通，晃一也顾不上生气，开始担心起来。他用手机的定位程序查询了沙希的所在地，结果发现她就在市内。怀着忐忑的心情过去一探，竟看到一对男女手牵着手亲密地从房子里走了出来。

晃一不由自主地躲到阴暗处，难以置信地看着他们。靠在男人肩膀上的无疑就是自己的妻子，而且自己已经许久没见过她这副撒娇的样子了。

晃一怒火中烧，追了上去。他从后抓住妻子，怒吼道："你在干什么？"随后又逼问男人："你在对别人的妻子做什么？"

沙希瞬间露出了害怕的表情，但下一秒就甩开了晃一的手，满脸恨意地吼道："你干什么？别在我面前摆出丈夫的姿态。我不想看到你的脸！"说完头也不回地走了。晃一只能失魂落魄地回了家。

几天后，沙希回来了。但是她既不说话，也不做家务，还经常出门和男人约会。

自那天起，晃一就再也没对沙希抱怨过半句话。因为他觉得只要自己说点什么，妻子就会勃然大怒，抛下这个家离开。只要她还回来，就还有机会。

但是，沙希仿佛要把之前的忍耐全都讨回来，将所有家务和照顾孩子的工作统统推给了丈夫。自己则彻底放飞了自我。只要晃一不说话，不惹她不开心，她心情好的时候就会主动和晃一说话，问他新买的衣服是不是适合自己。但如果有什么事惹到沙希，她就会一声不吭，对晃一展露出无尽的厌恶。

有不少女性原本隐忍、贤淑，是贤妻良母的典范，一心一意地照顾着丈夫和家庭。但当施加给她们的负担超过了忍耐的极限，她们就会对丈夫和家庭产生激烈的排斥反应，所言所行就像换了个人一样。很多人觉得他们的关系很难修复，但实际上并非如此。有的丈夫会反省自己给妻子的压力是否过大，然后选择包容变得任性的妻子。在这个过程中，有些夫妻就重归于好了。

如果双方还年轻，对彼此都还有性欲，那么这种情况也是可以重归于好的。只不过对对方的厌恶感或不信任感很难完全消除。虽然表面看上去已经和好了，但裂痕已然形成，或许会在将来的某一天再次让彼此分崩离析。

人际过敏症一旦发生，过敏反应就会呈爆炸式扩大，不断恶化。负面的连锁反应有四种形式。

负面连锁反应1　**异物感整体化**

第一种是对同一抗原（人物）变得更加敏感，即使与之前一样接触，也会产生更强烈的反应。最常见的情况就是原本只对一小部分感觉不适，逐渐发展为对整体难以忍受，即异物感整体化。

对某个人产生心理上的过敏反应后，以前不怎么在意的事情也会引起不适，引发排斥反应。到最后，只是想到那个人，就会觉得不开心。连那个人的优点也无法予以肯定，觉得一切都是他的伪装，或觉得那其实是他的缺点。

假设你听到自己一直很信任的同事在背后批评你。这时，你会感觉到被背叛了吧，于是你开始以牙还牙，同样用严厉的眼光审视他，结果发现以前不在意的对方的态度和说话方式也变得奇怪起来了。对对方的排斥感越来越强烈，超过极限后，即便对方责任心强、正义感强这些你曾经认可的优点，也变成了死板、不知变通这样的缺点，进而产生更强烈的厌恶感。

有个女性觉得最近认识的一个男性不错，对他抱有好感。但明明刚认识没多久，那个男性却很强势地想要和她发生性关系。于是，她对他的好感瞬间幻灭。之前还觉得他为人热情、说话风趣，现在在她看来却变成了别有用心。她也无法再接受这个男性了。

为了保护独一无二的自己和仅此一次的人生，心理免疫会严格遵守排除异物的原则。因此，即便开始时只对人的一小部分产生强烈的排斥感，也会慢慢变得对整体难以接受。

（负面连锁反应2） **连环式冲突**

人际过敏症之所以容易引起负面的连锁反应，还有一个原因是过敏会让人感觉行动受限，自己被逼得喘不过气来，最后陷入恐慌。本意是想要避免发生不愉快的事，结果往往招致更不愉快的事情。这就是连环式冲突。

【案例8】
越回避越……

亚友美（化名）带着孩子去超市买东西时，看到三个孩子同学的妈妈正聊得开心，其中有个妈妈正好和自己不太对付。亚友美庆幸自己没有被她们发现，想着买完所需物品赶快离开。

但是，当她匆匆忙忙结完账，想要找孩子时，却发现孩子正在妈妈们聚集的地方看扭蛋机。亚友美向他招手，但孩子没有理她。无奈之下，只能喊他的名字。但孩子还是不过来，最后，她只能拖拽着孩子把他带了出去。亚友美非常尴尬，不知道妈妈们有没有看到她。

回到家后，亚友美很严厉地训斥孩子："为什么叫了你不立马过来！"这件事让她感到非常懊恼、沮丧，甚至连晚饭都没准备就睡觉了。等心情终于平复下来，起床一看，发现肚子饿了的孩子正在吃买回来的菜。亚友美的怒火又冒了上来，把孩子骂了一顿。骂完后，她陷入了自我厌弃的情绪，又回床上躺着了。

亚友美从小就会尽量避免和自己讨厌的人见面。和熟人擦肩而过的时候也经常装作没看到，还会祈祷对方也没看到自己，等对方从视线范围内消失才能长舒一口气。

即便是面对自己的父母，亚友美也无法说出心里话或向他们撒娇。可她比普通人更想得到父母的认可，想让父母开心，因此，她只会展露自己好的一面。比如，她明明长得很漂亮，却对素颜的自己没有信心，如果不化完美的妆容，就无法去见父母。

上文提到的一连串不幸为什么会发生呢？究其源头，是因为不想和讨厌的人见面。有人际过敏症的人会因为想要回避与他人接触而变得过度敏感。而这又会像汽车追尾一样，引发各种各样的连环冲突。

负面连锁反应3　交叉反应

负面连锁反应的第三种形式是对有异物相关特质的其他对象也产生过敏反应，即交叉反应。

身体的过敏原本是指对特定物质的特异反应。人体只会将个别物质识别为抗原。但是由此产生的各种免疫物质或免疫反应却有很多相似的地方。它们都有各自的路径，但有时候会在中途发生交叉或重叠。因此，会对与抗原相似的物质也发生过敏。

近年来，花粉症患者中出现了很多对水果、黄豆等过敏的人。这是因为水果、黄豆中含有化学结构与花粉相似的物质。而身体将这种相似的物质误判成了过敏原。比如，一些对桦树花粉过敏的人会对苹果、樱桃、草莓等同为蔷薇科的水果产生口腔过敏，这种现象就叫作交叉反应。一旦发生交叉反应，即便是误判，该物质也会被列入"异物黑名单"且不可逆。

人际过敏症也经常导致相同的情况，即他人因为部分特质和已知的异物相似而被识别为异物。比如，你曾经被一个高傲自大的人伤害过。那么，只要感觉他人身上有相同的特征，就会产生排斥反应。即便眼前是与你毫不相干的人，也会因为他高傲自大这个特征引发你的心理免疫反应。

如果人际过敏症比较严重，即使是原本毫无关系的两个人，也会因为某个相同的特质而被视作同一个人。比如，A曾经伤害过你，而和他毫无关系的B和他一样，喜欢系颜色鲜艳的领带。只是因为这一个相似点，你就可能会对B也产生排斥反应。哪怕B的声音、说话方式等本质上和A完全不同，也会因为这种不足挂齿的相似点让你觉得厌烦，无法接受。严重者甚至还会对B使用的物品、喜欢的音乐等也产生厌恶、排斥的感觉。这种心理状态也就是所谓的"恨屋及乌"。

负面连锁反应4　与外来抗原结合

负面连锁反应的第四种形式是和外来抗原结合引起的抗原变化。比如，原本有好感的人和你讨厌的人在一起，你就会对原本有好感的人也产生不信任的感觉。

【案例9】
被污染的工作室

彩子（化名）从半年前开始在一家钢琴工作室学习钢琴。她很喜欢工作室的氛围和上课的老师。但是，有一天她在工作室的前台遇到几年前在某个地方大吵了一架的人。顿时，过去极度不开心的回忆如潮水般袭来。不仅如此，一想到自己和这个人在同一家工作室，跟同一个老师学习钢琴，彩子就突然觉得这里被污染了，对工作室和老师也生出了别扭的情绪。

　　不少人在朋友或孩子结婚之后，会因为不喜欢其另一半而和他们本人变得疏远，也有人会在朋友的孩子出生后，觉得和对方"已经不是一个世界的人了"，然后离开对方。有人际过敏症的人原本就对他人的变化很敏感。逼自己继续与之交往只会徒增自己的痛苦。

　　就像这样，人际过敏症会让人将可以信任的人也视作异物，进而产生更多的人际过敏症状。

　　有人际过敏症的人往往更关注别人的缺点。因此，面对同一件事时，更容易感受到不满和愤怒，也更容易做出否定的反应或者攻击性的行为，最终导致负面的感情传染给周围的人。如果对方也有人际过敏症，那么轻微的否定也会激起对方剧烈的反应。

·对自己产生人际过敏反应

　　通常情况下，身体的免疫系统是不会排斥或攻击自己的。但有时候，如果有异物附着或和异物相似，那么即便是自己，也会被误当作攻击对象。也就是说，免疫系统将自己的一部分认定为异物（抗原），然后制造自身抗体。关节僵硬且疼痛的慢性风湿性关节炎，不生成唾液的干燥综合征等自身免疫性疾病，就是因为免疫宽容的机制失灵，自身抗体攻击、破坏自己身体引发的。

心理免疫也会出现同样的情况，即无法相信自己最应该相信的人，并将其视作攻击的对象。家庭暴力就是一个例子。严重者还会讨厌，甚至伤害自己。

造成这种情况的最大原因是本该在年幼时建立的心理免疫宽容没有建立完全。如果一个人没有和抚养者建立安全依恋，在应该培养安全感和自我认同感的阶段受挫，那么他就容易对自己产生异物感或不认同感。

人际过敏症和发育障碍的关系 <<<<

·发育障碍是危险因素

还有其他引发人际过敏症的因素。一个人如果因为先天性的因素而变得神经过敏、容易焦虑、不善沟通、非常固执、缺乏变通，或无法很好地融入周围，那么他患人际过敏症的风险就会增加。

这些症状的代表是孤独症谱系障碍、注意缺陷多动障碍（ADHD）等所谓的发育障碍，也叫神经发育障碍。

　　这些发育方面的疾病之所以会引发人际过敏症，一方面是由于这些疾病本身的特性，另一方面是因为拥有这些特性的人容易被周围的人视作异物，进而遭到虐待、霸凌、孤立等。

　　但即便有相同先天性因素的人，也会因为不同的后天环境成长为不同的人。有的会产生严重的人际过敏反应，有的则能幸免。安全依恋能在一定程度上对冲不利的因素。相反，如果还有依恋障碍，那产生人际过敏反应的概率就会倍增。

·孤独症谱系障碍和孤独的梦想家

　　孤独症谱系障碍是指孤独症以及与之有相同特征的综合征。主要病征有神经过敏、行为模式固执、兴趣爱好狭窄、难以和他人建立平和的关系、人际关系和沟通交流不顺等。

　　患者在出生后不久就会出现回避眼神对视、缺乏表情和反应的倾向。通常情况下，孩子出生九个月左右，就会出现共享式注意力了。但孤独症谱系障碍患者在这一方面存在缺陷。即使母亲用手指、眼神示意，让孩子把注意力转移过去，孩子也无动于衷。注意力的共享会发展为兴趣的共享，最后发展为情绪的共享。因此，如果共享式注意力发展不顺利，之后就很难发展出兴趣和情绪的共享。

通常情况下，年满四岁后，孩子会拥有站在对方立场上理解对方心情的能力，即"心理推测能力"。但患有孤独症谱系障碍的孩子在这方面的发展非常迟缓。成人之后，也无法顺利地和他人共享兴趣和情绪。他们经常跟不上周围人的关注点，被甩在后面；摸不透他人的情绪，做出一些不恰当的回应；还会没有恶意地做一些得罪人的事，惹怒众人。

孤独症谱系障碍是由很多因素引起的综合征，其中遗传因素的影响也有很多类型。有的和催产素受体基因的变异有关，有的和γ-氨基丁酸（GABA）这种神经递质的受体基因变异有关。催产素对于形成依恋非常重要，GABA则有助于安抚焦虑、镇定兴奋。除此之外，有些基因的变化会引起社会快感缺失，也就是难以感受到和他人在一起的快感，进而导致孤独症谱系障碍。

但是，后文中会介绍迈克尔·路特（Michael Rutter）

等人通过研究发现，严重的忽视等原因也会造成和孤独症谱系障碍相似的症状，并重新评估了环境因素的作用。

患者的父母大多有相同的倾向，并且他们在养育的过程中会无意识地忽视孩子，或避免和他们共享兴趣和情绪。也就是说，遗传因素转变为了养育因素，两种影响互相叠加。

无论是什么原因造成的，孤独症谱系障碍患者都会表现出神经过敏和强烈的不安，和他人在一起带来的痛苦要远大于喜悦。此外，他们对于他人的视线移动、表情、动作等社会信号（即成为线索的信号）的反应和回应也都很弱。

对孤独症谱系障碍患者而言，周围的人就像是会用心灵感应对话的超能力者一样。自己只能通过明确的语言来理解对方讲述的内容，但周围的人却只需要瞬间的眼神交流或说话时微妙的抑扬顿挫、微小的肢体动作就能交换信号。对他们而言，理解这种微妙的信号是非常困难的。

正因为这样的困难，他们和别人在一起时才会感受到痛苦，而不是快乐，而且也容易被孤立。如果只是被认为我行我素，那还算好的。更多时候，他们被评价为任性妄为、没有团队精神，或是只做自己想做的事，也会因此而遭受非议。

前文已经讲过，不善共享兴趣或情绪这个特性会让他们被周围的人视作异物。周围人的排斥和指责在他们心里种下了抗拒和恐惧的种子。这样一来，和他人在一起就会让他们变得更加痛苦和不安，也会让他们更加难以分享兴趣和情绪。在这样一个恶性循环中，人际过敏症就慢慢地形成了。

【案例10】
尼采的故事

根据记录中的成长经历和症状可推测，哲学家尼采应该患有孤独症谱系障碍中的阿斯伯格综合征。

据记载，尼采三岁时依旧不会说话，但四岁时就会读写了。会话语言发育迟缓，文字语言却习得顺利，这种反差是阿斯伯格综合征的常见特征。

但不幸的是，自记事起，尼采就目睹了身为牧师的父亲崩溃的全过程。他的父亲患有精神疾病，一开始的症状表现为痉挛、脸部麻痹，后来逐渐发展为失神发作、失语、失明、错乱、难以忍受的疼痛。这就是尼采后来也患上的疾病——神经梅毒。这段恐怖的记忆长期纠缠着他，威胁他的安全感。

但其实即便没有这段记忆，尼采也是一个神经过敏、有强烈不安情绪的孩子。寄宿学校的记录显示，尼采曾因为持续性的头痛和胃炎等身心疾病缺席课程。他经常幻听，还噩梦连连。

尼采喜欢空想：由人偶、锡兵、陶瓷动物组成的世界，被"松鼠之王"治理得井然有序。据说尼采九岁时还在乐此不疲地玩人偶游戏。

虽然过度敏感、发育不平衡，但尼采的成绩却是出类拔萃的。尤其是在音乐和诗歌方面，他展现出了惊人的天赋，被老师们视为天才。斯巴达式的学校虽然没有自由，但是对他这样的人而言，要比那些过于自由、无秩序的学校更容易融入。

虽然尼采自幼丧父，但好在他的母亲一直在身边保护着他。尽管还有一个女儿，可母亲对儿子的关怀更为用心。她早就发现了儿子的才能，基本将余生的希望都寄托在了儿子身上。

父亲去世时母亲还年轻，原本可以离开婆家回到娘家。但为了孩子的未来，她决定继续和婆婆、小姑子在狭小的房子里一同生活。母子俩生活在一间朝北的小房间里。在那里，母亲几乎形影不离地教他学习。她每天都给尼采布置严苛的任务。尼采稍微有点懈怠，就会受到严厉训斥。这种过于强烈的期待将敏感的少年紧紧束缚住，让他生活得愈加痛苦。

攻读古典语文学的尼采天赋异禀。他的才华很快就得到了教授的认可，教授对他特别偏爱。但这个天才身上不仅充满不稳定因素和不适感，还有着过高的自尊心且非常敏感。这就导致他的思维和行为常常出现反差。二十五岁时，尼采被破格录用为巴塞尔大学的教授。但是，周围的人很快就发现这个教授好像和普通人不太一样。有人觉得他行为做作，像少女一样笨拙。有位女性曾因他不合时宜的话语而不知所措：有一次尼采在晚会上讲述了自己做的梦，内容却是他吃了蟾蜍。不用说，他把那位女性吓跑了。

学生时代，尼采非常崇拜拜伦。由此可见他非常向往自由奔放、像英雄一样的生活方式。他也曾被瓦格纳的歌剧触动过，一度沉迷其中。但是，尼采最终还是没能过上像拜伦、瓦格纳那样的生活。相反，他和他的另一个精神导师——悲观主义哲学家亚瑟·叔本华（Arthur Schopenhauer）——在孤独和笨拙方面非常相似。

尼采虽然年纪轻轻就当上了教授，但他渐渐受到周围人的孤立，最后辞职遁世，开始写作。尼采能靠写作维持生活，也是因为他在当教授期间攒下了一些钱。

·ADHD和顽皮的自由人

另一个具有代表性的发育障碍是注意缺陷多动障碍（ADHD）。这种障碍主要体现为注意力难以集中、多动、冲动，形成原因也很多样。

遗传基因是很重要的一个因素。但在儿童福利院等机构工作的人很早就发现，遭受过虐待或缺爱的孩子出现ADHD症状的概率也非常高。

和ADHD有关的基因有很多。其中，唯一受到证实的是多巴胺D4受体基因，有这种基因的人比没有的人更容易患ADHD。

但是，拥有这种基因的人占总人口的近10%。这也是这种基因没有被叫作变异基因的原因。这么多人拥有这种基因，就证明它对人的生存是有益的。

拥有这种基因的人一般好奇心都比较旺盛，对人和居住地的依恋较淡薄。比起安于现状，他们更喜欢开启新的冒险。游牧民族中有这种基因的人较多。在动乱的年代，这种不顾危险地开辟新天地、创造机会生存下去的特性可以发挥很大的作用。

令人惊讶的是，拥有这种基因的人除了ADHD之外，还容易患上依恋障碍。他们的多动症状比依恋情感淡薄更明显，容易遭到虐待，依恋形成受阻的可能性也大。另外，很多父母往往也拥有相同的基因，因此更难形成依恋。

患有ADHD的孩子上学后，会因为粗心大意而经常犯错，经常受到父母和老师的训斥，也容易受到周围其他孩子的指责。这种经历往往会让他们变得离经叛道，有些人会做出不正当甚至反社会的行为，还有些人会陷入自我否定，为了排解这种情绪而做出依赖性行为。根植在他们内心深处的，都是被否定的经历带来的对他人和自己的不信任。换言之，这也可以说是人际过敏症。

【案例11】
"小王子"对成年人的不信任

著有《小王子》《夜航》等作品的法国作家安托万·德·圣-埃克苏佩里（Antoine de Saint-Exupéry）不仅是在小时候，在他整个人生都表现出了明显的ADHD特性。

小时候，他完全安静不下来，总是吵吵闹闹、四处乱跑，是个令人束手无策的顽童。他的房间总是乱糟糟的，到手的所有东西都要弄坏，就算没有弄坏，也要弄脏，非常淘气。家里有五个孩子，他排行在中间。父亲在他三岁时就去世了。也许是因为母亲的溺爱，把他养成了一个完全不受拘束的孩子。

被送入纪律严明的学校后，他依然注意力散漫、不善整理、笨拙、静不下心来。不仅如此，他的成绩也不好，因此被当作问题儿童来对待。而这又加剧了他的叛逆。后来，他说想成为飞行员，但是他不善运动，舞也跳不好，连自行车也不会骑。

看着完全无法适应学校的儿子，母亲开始担忧。后来在征得他本人的同意后，母亲将他转学到了瑞士一家校风自由的学校。在那里，少年获得了重生。他不仅成绩提高了，还在文学方面开了窍，在诗歌、素描等方面展现出才华。在所有学科中，他最擅长国语，即法语。但即便这样，这位后来闻名世界的著名作家写的文章也是错别字连篇。

十二岁时，他遇到了决定他一生的事情。当时，飞机开始受到世人的瞩目，他也同样被吸引了。在出入飞机库的时候，他也去坐了飞机，但那是第一次世界大战爆发前的事了。当时，三架试飞的飞机中有两架都没躲过飞行一小段距离就坠毁的命运。因此，飞机完全算不上安全的交通工具。但他无法忘记坐上飞机时的激动心情。于是他报考了精英才能进入的海军学校。虽然没有考上，但他在二十一岁服兵役时，申请去了航空队。然而，成为一名合格的飞行员在当时并非易事。支付了巨额的培训费后，他开始在一家民营的航空公司接受训练。

努力取得飞行员的资格证后，他辗转各地，只为获得驾驶飞机的机会。可他原本就是个注意力难以集中且行动笨拙的人。有一次，他在飞行中犯了一个致命的操作失误，在起飞后不久，就从九十米的高空坠落。最后飞机损坏严重，他自己也浑身是伤。

即便如此，他也没有放弃，为了寻找飞行员的工作，他辗转世界各地。他驾驶的主要是邮政飞机。在北非的沙漠、大西洋及南美的安第斯山脉上空孤独地飞行，这比巴黎的社交界或城市的舒适生活更吸引他。

之后，他开始写作。"人生唯有一憾事，那就是长大成人"就出自他的作品。他和大多数患有ADHD的人一样，永远都有一颗天真烂漫的孩童之心。对于他而言，充满欲望的成人世界也许并不是一个令人舒服的地方。

圣－埃克苏佩里没什么异性缘。最开始被路易丝·德·维尔莫兰（Louise de Vilmorin）解除婚约，后来成为他妻子的康苏爱萝花钱大手大脚，且不太老实，他渐渐也不再过问妻子的事情。

之前的飞行事故给他的身体造成了严重的后遗症，为了缓解腰痛等全身性的疼痛，他开始依赖酒精。他总说想为国捐躯，再驾驶一次飞机成了他生活中唯一的希望。也许他是为了逃离人群才憧憬天空的吧。

虽然圣-埃克苏佩里的运气一直都很好，经历过好几次死里逃生，但在第二次世界大战时，他驾驶的飞机最终在地中海上空失去了音讯。

第四章

心墙的本质是
依恋障碍

　　如果一个人将除了自己之外的所有人都当作异物，加以排斥和攻击，那么这个人的社会生活很快就会陷入绝境。

　　人与人应该允许些微的排斥或不信任。不过，这都是基于和养育者之间已建立安全依恋的前提。而依恋障碍则是引发人际过敏症的核心问题。

　　第三章讲述了依恋有助于抑制人际过敏症，以及很多人际过敏症患者都有依恋障碍。

　　依恋和免疫宽容有很多相似点。免疫系统会对自己本身及出生时体内就有的物质产生免疫宽容，抑制将其作为异物排除的免疫反应。同理，小时候和养育者之间成功建立安全依恋的人，不仅能够接受原本的自己，还能将支持自己的朋友也当作自己人接纳。同时，对有可能伤害自己的人和事，则会保持适当的距离或发动攻击。

　　但是，没有建立安全依恋的人，即使面对那些必要的人或者对自己有帮助的人，也会拒绝其靠近甚至攻击他们。同时，他们又很容易接近或依赖对他们来说危险的人和事。另外，他们还会否定自己，对自己感到不适，有时甚至还想攻击、毁灭自己。

　　一岁半被认为是形成依恋的最后期限。在那之前，如果和养育者之间没能形成安全依恋，或者虽然形成了依恋关系，但作为依恋对象的养育者消失了，无法履行"安全基地"的职责，那么就会引发孩子的依恋障碍。除非接受适当的干预，否则这种不安全依恋会在成年后也一直持续下去。本章会进一步介绍在人际过敏症中起着核心作用的依恋障碍。

依恋的发现和佐证 <<<<

·用糖果和鞭子能塑造人格吗

过去在精神医学领域很有影响力的两大学派——精神分析学和行为主义心理学都认为母亲和孩子的关系是通过母乳和照顾衍生出来的。母亲的角色并不一定非要母亲来扮演，母亲"无条件的爱"反而会让孩子没出息。行为主义心理学甚至认为，比起母亲"无条件"的养育，合理、理想的养育可以培养出更加优秀的孩子。

行为主义心理学的创始人约翰·布罗德斯·华生（John Broadus Watson）曾说，在不久的将来，为了摆脱父母不好的影响，婴幼儿会被送到"婴幼儿农场"养育。他还说，孩子一哭就抱起来哄或满足他的所有要求是极其愚蠢的，想培养出强大的孩子，就必须学会使用糖果（奖励）和鞭子（惩罚）。

为了证实这一点，华生进行了颇具争议的"小艾伯特实验"。他送给11个月大的小艾伯特一只小白鼠，正当小艾伯特兴奋地想要伸手去抚摸时，他用铁锤敲打了悬挂在孩子身边的铁棍。巨大的声音把小艾伯特吓哭了。重复多次同样的操作后，小艾伯特只要看到小白鼠，就会害怕地哭起来。也就是说，华生通过条件反射操作，让小艾伯特对小白鼠产生了恐惧。

华生认为，只要使用相同的方法，就可以轻而易举地减少或增加某种行为，甚至可以建立自己理想中的人格。

实际上，受行为主义影响的育儿方法在美国等地非常盛行，甚至还影响到了日本。至今还有一些思想古板的教育家将这样的思维奉为金科玉律。

事实上，为了实现"理想的育儿"，人们进行了不少社会实验。其中，最具代表性的是在以色列的集体农场"儿童之家"开展的育儿法。孩子过了新生儿期就会被带离母亲身边，由专业的保育员来日夜照顾。实验的目的是培养自立、优秀的孩子，然而，这项实验最终以惨败告终。孩子们在幼儿期就出现了明显的情绪不稳定和人际关系问题。这种倾向在他们成年后依然持续。受影响最深的是晚上也被迫离开父母，由别人照顾的孩子。所有人都看到了这场实验的失败，他们逐渐修正了做法。即便孩子白天在"儿童之家"生活，晚上也要回家和父母在一起。

·母亲照顾的重要性

在集体农场的惨败结局传开之前，就已经有人对精神分析学和行为主义心理学的假说提出了质疑，并发现了母婴关联的重要性。其先驱就是前文介绍的萨蒂，之后温尼科特和约翰·鲍比正式对此展开研究。他们都是英国人，精神分析学和行为主义心理学在英国的渗透没有美国深。

温尼科特和鲍比都是学过精神分析理论的医生，有研究儿童问题的经验。当时正处于世界大战，为了减少战争伤亡，很多地方都在疏散儿童，进而引发了各种问题。温尼科特当时在被疏散儿童生活的宿舍做心理咨询师。他发现心理问题比较严重的人和父母的关系都很紧张，小时候往往都缺爱。

之后温尼科特又发现，不仅是有心理问题的孩子，患有慢性抑郁症或缺乏自我完整感的成年人，大多也在婴幼儿时期没有得到过母亲的爱。温尼科特认为，要实现稳定的自我发展，在婴幼儿时就必须要有一段母亲以满足孩子的欲望为第一要务的时期。母亲这种自我牺牲般的行为叫作"原初母性贯注"。而母亲抱住婴儿的行为叫作"抱持"，这也是孩子身心稳定发展所不可或缺的。如果两者都不充分，那么孩子就无法获得安心感，无法培养"真正的自己"，今后会抱着"伪装的自己"痛苦度日。

当时，发表这样的思想是需要很大勇气的。而对温尼科特个人而言，内心也会痛苦和挣扎。因为教导他精神分析的老师梅兰妮·克莱因将弗洛伊德的精神分析原封不动地运用到了孩子身上，相比于现实中孩子和母亲的关联，她更重视孩子们心中的空想。克莱因非常信任温尼科特，不仅帮他改论文，还曾委托他帮自己的女儿进行分析。但是，温尼科特并不想对自己的信念进行掩饰。

·依恋关系的发现

鲍比的第一篇论文是关于偷窃犯少年的。他发现二十四位偷窃犯少年都曾经历母爱的缺失或极度缺爱，自此开始关注母亲这个角色的重要性。通过对战争遗孤和被疏散儿童的研究，他更确信了自己的想法。因为失去母亲的孩子们都呈现出发育迟缓、情绪不稳定、行为问题等严重的情况。

根据收集到的大量事实，鲍比发现母爱的缺失会严重影响孩子，并发表了相关报告。但他的发现和精神分析学、行为主义心理学的理论相差甚远，因此遭到了嘲笑和批判。当时很多人认为，这样的结果不是母爱的缺失造成的，而是源自照顾和保护不足。

受到批判后，鲍比意识到必须用更科学的依据来证明其他养育者的照料无法弥补母亲这个角色的缺失。为此，他把目光转向了一个事实，即母亲和年幼的孩子之间强烈、稳固的联结是会养育孩子的动物——尤其是具备社会性的动物之间广泛共有的机制，这种生物学性质的机制叫作"依恋关系"。

除了给予营养、保护等具有实际利益的因素之外，母婴间的联结还与其他因素有关吗？美国心理学家哈利·哈洛为这个问题的解决提供了决定性的突破口。

·依恋关系的存在得到证实

哈洛是实验心理学的年轻研究者，但是他很穷，没有钱做当时很流行的动物实验。虽然在大学任教，但学校并没有提供令他满意的实验室，也没有给他提供足够的资金去购买实验用的动物。而且当时实验用的动物价格非常昂贵。既然如此，哈洛就想着能不能自己养一些。没想到这个荒谬的想法竟然带来了意想不到的发现。

哈洛和学生们开始一起饲养刚出生的小猴子。哈洛最害怕的是传染病，因此，他将小猴子分别放在了不同的笼子里饲养。由于营养充足，小猴子都非常健康，也没有得传染病。

但是，这些猴子身上还是出现了明显的异常。它们没有小猴子该有的活力和好奇心，整天死气沉沉地坐在笼子里。它们会茫然地看着远方，摇晃身体或吮吸手指。当把长大的猴子和其他猴子放在一起时，它们表现出了强烈的不安和排斥反应。

到底哪里出问题了呢？小猴子的某个怪异行为为解决这个问题提供了最初的思路。为了防止小猴子受冷，哈洛和学生们给它们笼子底部铺了一层毛巾，而这些小猴子竟然对这块毛巾展现出异常的执着。有的将毛巾紧紧抱在怀中不松手，有的则是裹在身上。即便将它们抱起来，它们也不松手，只能连毛巾一同抱起。

哈洛猜想，这块毛巾是否就是母亲的替代品呢？于是构思出了那个著名的实验。

哈洛制作了两种母猴玩偶。一种是用铁丝做的，表面凹凸不平，但安装了一个奶瓶。另一种虽然没有奶瓶，但是外面裹着柔软的布料。以往的理论都主张母婴之间的联结依靠的是哺乳。如果依照这个理论，小猴子就会对安装着奶瓶的母猴玩偶表现出依恋，待在那里的时间会更久。

但实际上，实验开始后，小猴子大部分时间都待在裹着柔软布料的玩偶身边。不仅如此，打扫房间时，玩偶只是"消失"了一会儿，小猴子就会陷入恐慌，在笼子里走来走去，试图找到玩偶。受到惊吓时，也会第一时间飞奔到布料玩偶身边，紧紧抱住它。

与此相反，虽然表面凹凸不平的铁丝母猴玩偶具备哺乳功能，但小猴子们却都对它漠不关心。也就是说，促使依恋关系形成的不是哺乳功能，而是和柔软身体的接触。

除此之外，还有一个很有意思的现象。一开始因为时间比较仓促，所以哈洛没有为母猴玩偶制作完整的脸部。后来在实验的过程中，哈洛给它补上了眼睛和鼻子。但小猴子看到之后，却惊叫了一声，表现出明显的排斥。过了一会儿，才又重新抱住它。但是，抱的时候，小猴子把玩偶的头转了一百八十度，让没有五官的一面朝前。无论哈洛他们复原多少遍，最后小猴子都会把玩偶的头转过去。

对小猴子而言，维持母亲最初的样子非常重要。这一点强有力地验证了鲍比的假说，即依恋是对特定的存在培养出来的情感。

哈洛及其团队还观察到这样一个现象。每次打扫房间时，他们都会把母猴玩偶移到外面去。这时，小猴子就会拼命地去寻找母猴的身影。他们给窗户设置了一个机关，只有拼好图才会打开。为了看一眼母猴，小猴子会很认真地拼图。看到这个景象，谁都会鼻子发酸吧。即便对象是个玩偶，小猴子也对这个给予自己柔软触感的存在非常执着，这不是依恋又是什么呢？

通过哈洛的实验，鲍比提出的理论在猴子身上得到了证实。让小猴子对母猴产生依恋的驱动力不是营养，而是拥抱和安心感。但是，母性的本质好像不止于此。"铁丝妈妈"抚养的小猴子无法好好成长，而"布料妈妈"抚养大的小猴子身上也出现了明显的不正常现象。

"铁丝妈妈"抚养长大的小猴子总是用很大的力气摇晃身体，重复进行撕咬、自残和其他刻板行为（重复同一个单一动作的行为）。而"布料妈妈"抚养长大的小猴子也很奇怪，它们总是以一种奇妙、扭曲的姿势坐好几个小时，或在笼子的角落蹲坐好几个小时，仿佛感知不到任何事情一样。当它们和其他猴子待在一起时，对外界的漠不关心就会转变为对其他猴子存在的强烈不安和非社会性。

·被抛弃的孩子

人类的孩子中也出现过类似的状态。精神科医生勒内·斯皮茨（René A.Spitz）出生在维也纳，后因纳粹的迫害逃到美国，他通过拍摄，记录了离开母亲在孤儿院生活的婴幼儿的异常状态。在他拍摄的录像中，你可以看到封闭在自己的世界里，眼神空洞地不停摇晃身体的孩子，也可以看到蹲在床垫上一动不动，被人碰触也毫无反应的孩子。还有不断自残的孩子，饭量小、身体消瘦、停止发育的孩子也不罕见。

　　讽刺的是，当时在监狱的育儿房生活的孩子竟然比现代设施完善的孤儿院的孩子要健康得多，发育方面的问题也比较少。造成这种差异的原因只有一个——在监狱的育儿房，孩子是在妈妈身边的。另一方面，失去母亲、被寄养在孤儿院的孩子们，尽管饮食均衡，卫生状态也良好，却还是有超过三分之一的孩子不到两岁就夭折了。仿佛失去母亲后，他们就失去了活下去的动力一般。

　　这样的孩子即便通过严酷的考验活了下来，等着他们的也只会是困难重重的人生。英国精神科医生迈克尔·路特等人的研究证实了这一点。鲍比的研究契机是第二次世界大战，而路特等人的研究则源于柏林墙的倒塌。当时，罗马尼亚陷入混乱，出现了大量的孤儿。孤儿院收容不了的孩子中，有一部分被英国的家庭领养了，但他们身上出现了很明显的异常现象。

　　路特等人选取了两类孤儿作为研究对象：一类是在罗马尼亚出生的孤儿，他们出生后马上成了孤儿，并在孤儿院生活了至少6个月后才被英国家庭收养；另一类是在英国出生的孤儿，他们在出生后6个月内就被收养了。路特等人对这两类孤儿进行了对比研究，并追踪了长达10年。

结果发现，罗马尼亚的孤儿在成长过程中出现严重问题的概率很高。他们不仅没有形成安全依恋，还会出现多动、注意力不集中的症状，或智力发育迟缓的情况。研究发现，有12%的孤儿出现了孤独症的症状。他们无法和他人建立关系，封闭在自己的世界里，同时还伴随常同行为。而另一方面，出生在英国并在6个月之内就被收养的孩子则完全没有这种情况。

·母性的本质

福利院的员工照顾得再用心，也无法彻底替代母亲的角色。福利院抚养孩子面临的最大问题是照顾孩子的人会更替。除了每8小时一次的换班外，还有跳槽、人事变动等。这和由妈妈一个人24小时贴身照顾是截然不同的。

研究依恋关系的专家发现，和母亲的情感联系虽然会因为常伴左右、哺乳、拥抱等而得到加强，但母亲的存在是凌驾在所有因素之上的。比如，和鲍比一起做研究的玛丽·爱因斯沃斯（Mary Dinsmore Salter Ainsworth）在乌干达的一个村落观察那里的育儿情况。她发现，尽管哺乳和拥抱是共享的，但孩子只对特定的存在——母亲展露出特别的联结和安心感。也就是说，并非只要常伴左右、给予哺乳和拥抱，就可以取代母亲。

那么，到底是母亲身上的哪个方面让孩子坚定地将其认定为特别的保护者呢？

爱因斯沃斯在观察孩子和母亲及其他人的相处方式时发现，两者最本质的区别是回应的不同。母亲会时刻关注孩子的哭声和表情，只要感受到自己的孩子有一丝异样，就会抱起来检查或哄逗。而其他大人，虽然按照普通的标准来看，也算得上亲切温柔，但肯定做不到24小时全天候关注孩子的情况，一有异样就立即回应。

从这个意义上来讲，布料的母猴玩偶也是没资格成为母亲的。因为它虽然提供了令小猴子舒适的感觉，但它不能拥抱、看着小猴子，也不能帮小猴子梳毛、跟小猴子说话，更不能轻轻地摇晃小猴子。

因此，哈洛对实验进行了改进。他用一根绳将母猴玩偶吊在天花板上，让其摇摆。小猴子一动，母猴玩偶也会随着一起动。小猴子动得越厉害，母猴动得也越厉害。结果，仅靠这一个装置，小猴子们就再也没出现过不停摇晃身体、自残等行为，也不再冷漠地、毫无反应地蹲坐在地上了。小猴子们不仅没有了奇怪的行为，还变得很有活力，四处乱跑，好奇心强，神经系统的发育也明显变好了。

当然，真实的母亲回应孩子的形式更加多样。于是，哈洛试着将一条母狗和六只小猴子放在一起饲养。结果，虽然母狗对小猴子的照顾没有母猴细致周到，但和玩偶母亲的"抚养"相比，母狗抚养的小猴子的发育要好很多。其中，尤属对外界的兴趣和社会性发展两个方面特别优秀。

人类的孩子也一样。专家已证实，积极多样的回应可以促进依恋关系的形成。

母亲不仅会给孩子提供舒适的场所，还会及时做出回应，给予孩子无微不至的照顾。通过这些，孩子可以感受到母亲一直在身边守护着自己。当这份安全感转化为依恋时，孩子就获得了"安全基地"。此时就可以积极主动地去关注、探索外面的世界了。

依恋障碍对人际过敏症的影响 <<<<

· 不安全依恋的三种类型

长久以来，人们一直认为孩子只有在被父母抛弃或受到虐待等案例中才会出现依恋障碍。

但是，随着研究的推进，专家们发现有三成的幼儿对母亲展露了不安全依恋。而且，近10%的幼儿呈现出受虐待儿童所特有的无序型依恋。另外，出现不安全依恋的儿童的比例也在逐年增高。

前文也介绍过，不安全依恋大致可分为两种类型。一种是"回避型依恋"，另一种是"焦虑型依恋"。只要母亲不在，孩子就会极度焦虑，再次见面时也不会流露开心的情绪，并且会对拥抱产生强烈的抵抗或怒意，这种情况就可以归类为"焦虑型依恋"。除此之外，两种类型混在一起的依恋状态被称为"无序型依恋"。

无序型依恋的孩子大多都遭受过虐待。但在他们稍稍长大后，这种依恋会转变为控制父母的"控制型依恋"。他们原本无法预测危险，只能束手无策地任人宰割。但是，长大后，他们学会了观察危险的预兆，并且为了躲避危险，开始通过讨好父母或令他们困扰来控制他们。

　　回避型依恋、焦虑型依恋，以及从无序型依恋发展出来的控制型依恋，最终会发展成哪一种类型，是由遗传因素和养育因素共同决定的。这些不安全依恋一般出现在幼儿期，将来会分化成含有某种特性的人际关系模式。在这个过程中，成长环境和经历发挥着重要的作用。有的人会发展为人际过敏症，有的人会转变为安全依恋，避免出现人际过敏症的症状。

　　下面我来介绍一下各类型的依恋障碍是怎么形成的，又容易发展成什么样的人际过敏症。

·回避型依恋的脱离状态

　　依恋形成到一定程度时，如果母亲突然不见了，孩子会呼喊着四处寻找母亲。如果寻找了数日之后，母亲依旧没有回来，那么这个孩子就会陷入抑郁的情绪，将自己封闭起来，不理睬周围的人。他会变得食欲低下，对任何事都漠不关心，对他人的安慰也无动于衷。

　　这种状态持续一段时间后，为了生存下去，孩子会选择忘记对母亲的依恋。这样一来，曾经那么强烈的执着就会消失。这时，即便母亲出现了，他们也不再关心。这就是脱离依恋的状态。脱离依恋造成的心理伤害是形成回避型依恋的一个重要原因。

和母亲的分离是会影响生存的大事。既然依恋会带来如此沉重的痛苦，即便不敢再对某个特定的人产生强烈的需求，也没有人会苛责吧！

但只要其他养育者能将孩子的心理创伤完全治愈，即便孩子因为分离暂时陷入脱离依恋的状态，今后也可以形成安全依恋。相反，如果其他养育者没能治愈孩子的心理创伤，那么孩子也有可能发展为依恋更加不稳定的焦虑型依恋。最后会如何也和遗传因素有关。

如果孩子天性敏感，即便没有和养育者分离，只要母亲对孩子的情绪或表情缺乏回应，孩子大概率就会出现回避型依恋的症状。孩子会变得不再期待他人的反应，对周围漠不关心，也不再回应他人。相反，如果天性敏感的孩子能得到积极的回应，就能形成安全依恋。

回避型依恋的人对他人的依恋情感比较淡薄，这可能是脱离依恋的疼痛留下的后遗症，也可能是"适应"缺乏反应的父母的结果。这类型的人不喜欢与人交往，他人的接近只会让他们感到难受。他们通过与人保持距离来保护自己。因此，他们容易被孤立。如果被伤害了，或者经历了一些不愉快的事情，他们就会变得更加回避社交，甚至避免建立亲密关系。他们会通过放弃共享感情，封闭、冻结内心来防止自己受伤。即便外在表现得很会社交，他们也很难真正打开心扉，与他人建立相互信任的关系。因此，等到活动性高、性生活旺盛的时期过去了，他们就会渐渐陷入孤独。

有回避型依恋的人际过敏症群体多见于哲学家和作家。这一类型的人是最难在社会上生存的。而哲学家、作家是为数不多的能给这类人提供社会容身之所的职业。

夏目漱石出生后一度被寄养在别人家。虽然后来被接回了家，但在一岁半的时候，他又被别的家庭收养了，后来养父母的关系破裂，无奈之下，夏目漱石只能再次回到自己家。但家里并没有他的容身之地，他也无法亲近亲生父母。养父母和亲生父母之间围绕他的户籍问题发生争执，让他非常抬不起头来。

另外，芥川龙之介在七个月大的时候，因为母亲精神病发作而被母亲的娘家接了回去，一直养在舅妈身边。对于母亲，他曾说过："从来没有感受过与母亲的亲密感。"由此可见，他应该没有对母亲形成依恋。

两位作家终其一生都被孤独的阴影笼罩，也因自我完整感的缺失而感到痛苦。他们能敏锐地感受到他人的恶意，也经常为人际关系的琐事感到生气。他们两位的心中都充斥着莫名的不安，同时也都备受精神病痛苦的折磨。

夏目漱石对妻子和孩子几乎漠不关心，一被惹怒就会大声训斥他们。看他做英语老师时的照片就可以发现，他面无表情，看起来令人害怕。

在孩子出生时，芥川龙之介在作品中写道："这家伙为什么也要来到这个世上？"他对自己的存在都有很强的不安，又怎么可能发自内心地爱孩子、无条件地肯定孩子的存在呢？

【案例12】
心理学家哈利·哈洛的故事

虽然哈利·哈洛为证明依恋这个概念的存在做出了巨大的贡献，但他本人却讨厌人类，属于回避型依恋的类型。事实上，他自己也体会过爱情带来的困扰和哀愁。他性格强势、笨拙，经常与人起摩擦，还酗酒。

形成回避型依恋和他的童年经历有关。一言以概之，就是哈洛在成长的过程中几乎没有得到父母的关注。他在四个兄弟中排行老三，这个位置原本就比较容易被忽视。再加上他三岁时，二哥患上了结核性脊髓炎。自此，父母的精力就全都被二哥占据了。

后来，哈洛在谈论父母时，除了将他们理想化之外，也表达出一丝不满和难过。他回顾过去，认为自己因为被剥夺了几分母爱，而变成一个"孤独的大人"。除此之外，父母的生活方式也对他产生了影响。他的家庭因为信仰问题在居住的城市中受到孤立。比起与人交往，他的父母更注重儿子们的教育。他们虽然生活贫困，却把四个儿子都送进了大学。长子罗伯特后来成为精神科医生，而哈洛则成为心理学家。

哈洛的婚姻生活并不顺利，他把工作当成自己的避难所。这样的他会研究依恋关系，不知道是一种必然，还是命运的讽刺，想必是前者吧！

焦虑型依恋1 **依恋和排斥共存**

造成焦虑型依恋的养育因素主要有母亲矛盾的态度、养育者的临时交替、父亲的缺席等。

矛盾的态度是指母亲对孩子疼爱时和冷落时的态度相差很大。养育者的临时交替最常见的是母亲因为工作或住院等原因，将孩子寄养在祖父母家。还有一种情况是一直有求必应、被照顾得很好的孩子突然被寄放到托儿所。在这种情况下，如果孩子原本依恋情感比较淡薄，就很容易发展成焦虑型依恋。

焦虑型依恋的人初期一般都是在爱意中成长的。但从某个时间起，爱意突然被剥夺了。于是，他们感受到强烈的不安，想要拼命抓住爱意。他们会因为害怕分开后就再也见不到而不由自主地放声哭喊，同时也会对抛弃自己的人感到愤怒。在这段受伤的记忆的影响下，他们遇到可以依赖的人之后会感到强烈的不安，担心这个人也会抛下自己离开，同时也对此感到非常愤怒。明明对方是自己最需要的人，却无法相信他，甚至还想攻击他。最终，他们会陷入这种矛盾。

有焦虑型依恋的人际过敏症群体有两副面孔，一方面需要、依赖对方，另一方面排斥、攻击对方。如果不了解依恋的机制，就很难理解为什么会发生这种矛盾的反应。

【案例13】
迟钝的丈夫和过度要求的妻子

　　雅夫（化名）是一个性格认真的个体户。有一天，他回到家，发现妻子玖美（化名）的脸色很难看。于是他就担心地问道："你怎么了？"结果，玖美听了这话后变得很生气，语气激烈地反问道："你看不出来吗？还要问！"

　　"你这是什么态度？你不说，我怎么可能知道呢？"雅夫回道。玖美仿佛就在等雅夫反击似的，开始大声斥责丈夫，将平日的不满全都发泄出来。雅夫也失去了理智，把对妻子的不满全都说了出来。这种吵架是他们的家常便饭。

　　之后的几天，他们便陷入冷战状态。这套吵架流程在这两三年内已经上演无数遍了。雅夫知道自己回嘴会惹来不必要的麻烦，但玖美总能戳中他的痛点，因此每次都会忍不住回击，进而引发争吵。

　　两人已经结婚十几年了。他们是先恋爱再结婚的，一开始非常恩爱，性格也很合。玖美有点神经质，能注意到一些细枝末节。而雅夫为人善良，脑子却不怎么灵活。玖美能够很好地弥补雅夫的缺点。事实上，玖美的建议也确实帮了雅夫很多次。但是，在雅夫看来，玖美过于担心了，很多指导或建议都是多余的。

另一方面，玖美觉得丈夫完全不懂自己的辛苦，总是忽视自己的情绪。她觉得丈夫做每一件事都非常迟钝，甚至最近丈夫的每一句话都能引起自己的厌恶和怒意。

玖美也想过要不就干脆离婚吧，但一想到离婚，她又会变得不安，害怕失去现在的生活。冷静下来想想，自己在很多时候都很依赖丈夫。无论是在金钱方面，还是在精神方面，离开了丈夫自己或将失去生活的支柱。

听到丈夫担心地询问"怎么了"，愤怒地反问"这你都看不出来吗"，这是典型的焦虑型依恋的反应。明明需要对方的关心，想让对方温柔地对待自己，但等对方真的来关心自己时，却又表现得很抗拒。矛盾的反应背后，隐藏着想要获得更多爱的愿望。如果这种愿望没有得到满足，就会产生愤怒，并以责骂、排斥对方的形式体现出来。

这个案例也是如此。经过探索，我们终于发现了这一切的症结就在于玖美的童年经历。据说，玖美从小生活在一个不稳定的家庭环境中，从没感受过父母对自己的爱，也无法对父母敞开心扉。

因此，她将可以代替父母的保护者角色寄托在了雅夫身上。雅夫出生在书香门第，作为长子，他从小就被很多爱包围。在玖美眼中，雅夫是非常耀眼的人。

玖美虽然获得了一个表面看起来稳定的家庭，但实际上，她的内心并没有得到真正的满足。她要求雅夫成为一个完美的丈夫，一旦期望落空，就会愤怒地指责对方。这样一来，加持在雅夫身上的家世门第反而成了一种负担，她也开始注意到雅夫自身的不可靠和缺点。

[焦虑型依恋2]　**养育者的否定性言行**

有焦虑型依恋的人往往不会真诚地肯定他人，而是会吹毛求疵，批判、诋毁他人。这种倾向大多是父母的言传身教所致。

【案例14】
只会批评的父母

从事专业工作的伦代（化名）今年四十岁，公司有个女同事对她态度冷淡，这让她很苦恼。据她说，这个女同事对待别人时态度总是很温柔，甚至有点谄媚。但对自己就会板着脸，一副不想理睬的样子。

伦代在上一家公司忍耐了六年，终于在一年前跳槽到了现在这家公司。她觉得自己的专业能力只能在这里得到体现，因此，虽然公司离得远，上下班不方便，她还是决定来这家公司。

她觉得女同事对她变得冷淡的原因是她在开车通勤还是坐电车通勤之间变来变去，在办理手续的时候给女同事添麻烦了。在那之后，伦代就开始注意她，而且变得十分焦虑。细细想来，她好像不是第一次遇到这种事了。在以前的公司工作的时候，科长也曾突然对她冷漠过。明明之前相处得还挺愉快的，却不知道为什么突然态度大变。她自己也是，一旦开始讨厌一个人，就会越来越讨厌，对方好像也会讨厌自己。

伦代开始回顾过往，想知道自己是不是在无意间给对方留下了不好的印象。结果在这个过程中，她发现了自己的几个行为特征。

一方面，她执着于正确的事。只要发生了违规行为，自己就不能坐视不管。而一旦开始关注，自己就会满眼都是这件事，变得更加无法原谅它。另一方面，她总是无意识地抱怨或批评他人。而周围的人则不太说这样的话。但是如果自己看到对方没有做好或不讲道理，就无法保持沉默。

她突然想到，自己的母亲好像也很爱发牢骚，总是抱怨。难道自己是被母亲影响了？她曾对母亲说过这个事情。对此，母亲辩解是因为除了女儿之外没有人可以诉说。父亲是一个无恶不作之人，家暴、冷暴力、虐待，样样都来。母亲只能向孩子诉说她的不满。父母之间的交流好像只剩下了说彼此的坏话。伦代从没听过他们夸奖彼此。

伦代是家里最小的孩子，相对而言比较受宠。因为没有在团体中经受过磨炼，在进入一个团体后，她感觉很痛苦。她和母亲相处得很好，很依赖母亲，有时梦到年迈的母亲会不由得非常难过。

也会有人给伦代介绍对象，但伦代一个都看不上，全都拒绝了。前段时间的相亲对象，也因为工资比自己低而被她拒绝了。说实话，她现在的生活很轻松，所有家务都是父母在做。因此，一想到自己要为了某个人做家务，她就觉得窒息。

不过，她虽然不讨厌单身，但如果一直单身，生活就会变得艰难。附近的一位老人，六十多岁了还是一个人。一想到自己将来也可能变成这个样子，伦代就感觉有点烦闷，但她又不是很想结婚。

伦代总是用严格的标准去审视他人，容易陷入负面的情绪。同时，她又希望得到对方的认可和接纳。这是焦虑型依恋的特征。面对不喜欢自己的人时，会感到焦虑，同时也会强烈希望对方能接受自己。这是看父母脸色长大的人身上常见的倾向。

我指出了伦代的这个倾向，并对她说："其实你不需要得到那个女同事的认可，也不需要和她相处愉快。"伦代接受了我的建议，几天后对我说："自那之后，我就不看她脸色了，也不会强迫自己去接近她、讨好她。一想到可以不和她说话，我一下子就轻松了。"

[焦虑型依恋3]　**体现为憎恨的依恋**

依恋原本是和危急时刻会保护自己的人之间的情感联结。当感受到不安或危险时，我们会去对方身边寻求庇护。人会对依恋的对象产生亲密、安心、爱的感觉。但是，这些的前提是形成并维持健全的依恋。

某项调查显示，一岁半的孩子中，大约有10%会在离开了一会儿的母亲回来后展现出愤怒、排斥的反应，而不是亲近、安心的笑容。哪怕母亲只是离开了几分钟也是如此。如果在孩子的成长过程中母亲总是消失好几天，或长期忽视孩子，那么渴望看到母亲的孩子就会心生愤怒和憎恨。他们试图通过恨意来抹杀对父母的渴望。

如果被抛弃或被伤害，那么焦虑型依恋的人对对方的需求越强烈，对其产生的憎恨也会越强烈。人有时候会通过憎恨依恋对象来强调对方的存在。

从小就通过这种方式来维持内心平衡的人，虽然平时看上去非常冷静、没什么问题，但一遇到父母的事情，各种负面情绪就会蜂拥而来，完全无法维持冷静。心里会记住这种不受控的愤怒和憎恨。正如萨蒂所说的那样，憎恨是受挫的爱，它不是爱的对立面，而是爱的一种体现。

【案例15】
叔本华与他的母亲

众所周知，哲学家叔本华恨了他母亲一辈子。他的母亲是一位非常活跃的作家，对社交和艺术很感兴趣，但对养育孩子却漠不关心，经常对儿子不管不问。因此，叔本华从小就显露出了神经质的性格，经常感觉心情郁闷。但是，他对母亲的渴望却非常强烈，哪怕是进入青年时期，也总想缠着母亲。然而，母亲却一次次地用行动告诉他，自己的快乐比儿子重要。

当叔本华看到母亲找了一个年龄和自己相差无几的情人，并沉迷于其中无法自拔时，他终于忍不住了，将积压在心中的话说了出来："是你把父亲逼死的！"自那之后，母亲就提出和他断绝母子关系，并让他搬离自己的房子。之后，两人再也没见过面。其间母亲曾因为生活窘迫去找过他一次，希望能够得到他的救济，但他非常冷淡地拒绝了。

导致重度人际过敏症的一个因素是扭曲、背叛式的依恋。这类人因为依恋的情感曾经遭到深深的伤害，所以只能用愤怒和憎恨的方式来爱他人。有愤怒、憎恨式依恋的人会陷入越爱对方就越生气、越憎恨的窘境。他们自己也不知道到底为什么生气和憎恨。到了最后，最值得自己信任的人和最应该守护的安身之所都被自己毁掉了。

有时候，长年的分居会让他们对父母的依恋消失，也就是脱离依恋。但达到这种脱离状态，就必须先经历激烈的愤怒和憎恨。而经历过这些后的伤口必定会残留在心中的某个角落。

〔焦虑型依恋4〕 **父亲的缺席**

父亲的缺席或者参与不足也是形成焦虑型依恋的一大原因。当母亲的参与不足或不稳定时，只要父亲能充分弥补，就可以保持平衡。如果弥补得不够，孩子就容易感觉缺爱，然后通过焦虑型依恋的形式向母亲讨要所有的爱。

核心家庭化使母亲和孩子很容易陷入孤立无援的境地。这种家庭环境会增加母亲的负担。不仅如此，当母亲不能充分发挥作用时，也没有人可以替代她。而这也会直接给孩子造成负面影响。

随着孩子的成长，父亲的角色变得越来越重要。父亲不仅可以通过保护孩子、和孩子游戏等方式引导孩子进入社会，还可以站在母亲和孩子之间，阻断孩子想要独占母亲的贪婪欲望。和父亲建立安全依恋，可以帮助孩子轻松摆脱"恋母情结"，还能帮助孩子建立三边关系，而不是只停留在一对一的关系上。

但如果孩子无法摆脱这个被称为"恋母情结"的三角关系，他们就会对父亲产生负面情绪。不仅如此，还会对三者间的关系感到不舒服。总之，当一对一的关系中有第三方介入时，他们就会过度紧张，试图将第三方赶走。

亲密的母子搭配"碍眼"的父亲，这个组合在现代很常见。而且，父亲还总是让母亲很痛苦。"要是只有母亲就好了"，孩子会默默地许下这样的愿望。而这种愿望又会加重他们对父亲的紧张和排斥。母亲总是抱怨父亲，却又不彻底地排斥父亲。这种暧昧不清的态度只会让孩子感觉越发焦虑。

这个阶段的问题如果一直得不到解决，那么孩子就容易对像父亲一样的权威产生排斥或憎恨的情绪。如果处理得不好，甚至还会让孩子觉得母亲也有异心，伤害孩子和母亲之间的依恋，最终导致孩子对所有人都产生愤怒或不信任。有些孩子为了挽回背叛自己、没能成为自己所有物的母亲，同时也为了贬低母亲，会去寻找母亲的替代品，征服、蔑视、最后抛弃她们，通过这种方式完成复仇。在他们眼里，这些女性和母亲一样，是"不值得信任的女人"。

[控制型依恋1] **奉献自己的怀柔型**

被心情反复无常的父母摆弄、虐待的孩子会形成无序型依恋。随着智力的发展，有些孩子会想方设法控制、折磨自己的父母。控制型依恋就是这么形成的。有的孩子会在父母面前表现得很乖巧，试图取悦他们。有的孩子则刚好相反，他们会通过做坏事或装病，来让父母着急或不得不关心自己。形成控制型依恋的人往往会牺牲自己，承担保护者的角色，或让自己变成问题儿童或病人，以达到控制父母、阻止家庭分崩离析的目的。

控制型依恋中，有一种叫作"怀柔型"。这类人为了稳定父母的情绪，会想办法取悦心理状态不稳定且不成熟的父母，或者扮演安慰者和保护者的角色。他们甚至认为父母心理状态不稳定或父母吵架，是因为自己的努力和牺牲还不够。他们每时每刻都在观察父母的脸色，甚至有点强迫性地想要奉献自己。

这类人在和除了父母以外的人相处时也会有这种倾向。他们会不由自主地让他人优先，哪怕这样做会损害自己的利益。他们具有很强的奉献精神，非常重视他人，因此，他们的人际过敏症很难被发现。他们的所有努力，说好听点是为了克服对他人的掌控心理，说难听点就是为了伪装自己而奉献。

【案例16】
好孩子的代价

亚纪（化名）是公认的至诚至信之人。她总是严于律己，宽以待人，工作努力，没有丝毫懈怠。功夫不负有心人，她在事业上获得了成功，在男性占据主导地位的公司闯出了自己的一片天地。

但是，自从自己亲手拉扯大的女儿因为在超市偷窃而接受批评教育后，亚纪就开始质疑自己的生存方式。她给了女儿足够多的零花钱，女儿根本没必要去偷窃。不仅如此，在重新检查了一遍女儿的各种行为后，亚纪竟然发现她经常将在交友软件上认识的陌生男子约出来，进行性交易。亚纪一直觉得自己养育女儿的过程非常顺利，因此在面对这些真相时，受到的打击才格外大。亚纪眼中的"好孩子"，只是女儿的伪装而已。而且，女儿已经很久没和自己讲过真心话了。

而在这时，自己最信任的、效劳至今的上司也在公司里中伤、诽谤自己。亚纪感觉自己苦心经营的一切瞬间崩塌了。以牺牲家庭为代价发展的事业，突然也变得没有意义了。到底哪里出错了呢？亚纪不得不开始重新思考自己的人生方向。

亚纪的父亲虽然工作能力很强，却是个喜欢喝酒、爱玩的人。母亲因为不敢违逆那样的父亲，所以精神状态也不是很稳定。亚纪需要在母亲低声哭泣时去安慰她，也曾因试图和父亲讲道理而被父亲打骂。

但是，亚纪还是很受父亲宠爱。每当她取得好成绩时，父亲都很高兴。因此，她内心深处生出了自己必须努力修复父母关系的想法。

亚纪同情母亲，憎恨折磨母亲的父亲。另一方面，她却觉得相较脆弱的母亲，还是有能力的父亲让自己更佩服。她在帮母亲做家务的同时，也给自己设定了严格的目标，督促自己努力学习。她想让母亲过得轻松一点，同时又不想像母亲一样，必须依靠丈夫的财力才能生存下去。

可以说，这样的想法造就了亚纪的处事方式。而亚纪确实也在事业上获得了成功，实现了经济独立。通过优先考虑他人的情绪和喜好来获得他人的喜欢和认可，这种处事方式确实帮助她获得了事业上的成功，但她自己的真实感受却被抛到了身后。

最糟糕的是，亚纪无意识地将这种处事方式强加给了女儿。成为优等生和委身于陌生男人这两件事，虽然看上去毫不相干，但其实都是在根据对方的心情和喜好伪装自己，以获得对方的认可。

控制型依恋2 以支配为目的的惩罚型

控制型依恋的另一种类型叫作"惩罚型依恋"，即通过力量或惩罚来达到支配的目的。

这类型的人即便伪装自己，周围的人也不会相信。他们反而会因为自我牺牲没有得到回报而觉得自尊受到伤害，从而对人产生强烈的恨意。最终，为了巩固自己的地位，满足自己的欲望，他们会操控周围的人，让他们按自己的想法行事，或者无情地榨取他们。渐渐地，他们的目的会转变为使用心理操控、诈骗或暴力来支配对方。

对于这类型的人而言，和他人共情是不可能实现的，只有支配才能满足他们的欲望。自恋型人格障碍或反社会型人格障碍患者和他人的相处方式中就带有这种特性。他们和配偶及自己孩子的关系也是如此。

【案例17】
被当作装饰的女性

模特出身的爱佳（化名）五年前认识了圣阳（化名）。圣阳三十岁时就当上了母亲创立的公司的专务董事。他总是开着豪车带爱佳兜风，也会毫不吝啬地送爱佳上万元的名牌衣服或包包当礼物。爱佳被他的经济实力和言行举止所折服，根本没有理由拒绝圣阳的求婚。

但是，一起生活后爱佳发现了丈夫令人意外的另一面。看上去自信满满的圣阳其实非常自卑，在董事长母亲和总经理哥哥面前根本抬不起头来。他从小就被拿来和优秀的哥哥比较，母亲直到现在也还把他当小孩一样来对待。他总是炫耀自己的美女老婆曾经是个模特，其实也是自卑的体现。

起初爱佳还爱着圣阳，对他很是同情，但这种同情并没有持续很久。

爱佳第一次觉得不对劲是确认怀孕后不久的某个晚上。那天，圣阳想要和她同房，但是爱佳因为妊娠反应，没有心情，就拒绝了他。结果圣阳却怒火中烧，半强迫式地侵犯了她。虽然事后圣阳道歉了，两人也和好了，但爱佳心里始终有一个疙瘩。

孩子平安出生后，圣阳也是一副很黏孩子的好爸爸形象。因此，爱佳之前感受到的违和感似乎渐渐消失了。但她想错了。当圣阳再次想和她同房时，她的身体不由得开始抗拒。

爱佳以照顾孩子为借口，早早就上床躺下了，极力避免晚上和圣阳独处。有时候她找不到借口不得不回应，但每次都很痛苦。

圣阳在性生活上的态度比以往更加不顾及她的感受，导致爱佳的身体有时候都没有反应。对此，圣阳感到很烦躁，轻蔑地说道："你这是性冷淡了？"爱佳只要拒绝，圣阳就会对她拳脚相向，怒吼着让她履行妻子的职责，甚至还说："我给你那么多钱，就是为了这个。"

爱佳不得不面对之前一直回避的事实。那就是自己是丈夫为了弥补自卑而选择的"装饰品"。

不知道从何时起，爱佳开始害怕晚上，丈夫一回家，她就开始紧张。最后她实在忍受不了这样的生活，就带着孩子离开了。丈夫立马就冻结了她的银行账户。

之后，爱佳一直想和圣阳谈谈，但圣阳不停地辱骂她，也没谈出什么结果。最后，圣阳花重金请了好几位业务能力很强的律师，向爱佳提起离婚诉讼，并要夺回孩子的抚养权。

·过度保护也是原因之一

被母亲过度保护、控制、管理的孩子容易有下列倾向。

①畏缩不前，有强烈的不安感。

②不擅长交朋友，因为无法协调或过度迎合而难以建立稳定的关系。

③长大后仍然很依赖母亲，不论大事小事，都要听取母亲的想法。

④对为数不多的朋友或关系亲密的人也会过度依赖。

⑤对压力和变化的承受能力低，容易出现身心不适，且无法独自克服这些问题。

⑥缺乏主观能动性、兴趣和自我主张，也缺少自信和魄力。

母亲铺好了所有的道路，排除了所有的障碍，这让孩子失去了获得对他人或社会生活的心理免疫的机会。这类孩子对除了母亲以外的人都很难产生信任和必要的戒备心。他们的戒备心总是不合时宜，躲避、攻击正常人，又容易被危险之人的巧言令色所欺骗。这最终导致他们无法相信他人。

为了经营社会生活，人需要从小就积累经验，学会辨别对方是可以打开心扉的人，还是需要警惕的人。而过度保护、控制欲强的养育会剥夺这样的学习机会。

【案例18】
萩原朔太郎的故事

萩原朔太郎被誉为"日本近代诗之父"，他以《吠月》

等作品开创了日本诗坛的新局面。他曾明确表示过自己厌恶他人。

他说："不管是进城，还是喝酒，抑或是和人交往，我一直都是一个人。"比起和朋友在一起并照顾他们的情绪，他更喜欢一个人的自由和随心所欲。

朔太郎在他的随笔《我的孤独癖》中描述自己除了生来神经质和脆弱外，"我的这种性格大概源自儿时的经历吧"。朔太郎出生在一个医生家庭，家世良好。他在回忆时大吐苦水："不同一般的性格让我从小学起就和周围的孩子不一样。因此，我在学校里总是形单影只，接受周围人的冷酷敌意和憎恨。一想起学生时代，我至今依然不寒而栗。当时，我遭到了所有人的憎恨、欺负和孤立，让我恨不得对当时的每一个老师和学生都一一报复。如今想来，从小学到初中，我曾经的学生时代，是我整个人生中最昏暗、恐怖的时代，每每回忆，都如同做噩梦一般。"

对于这样的孩子而言，学校就是一个无法保护自己的危险地带。"我总是蜷缩在教室的角落里，休息时，则躲在谁都看不到的操场一隅默不作声。但是调皮捣蛋的孩子王总能把我找出来，然后和大家一起欺负我。我很早就知道罪犯的心理了。他们那种不可告人、害怕败露、仓皇逃遁的心情，我从孩提时代就体验到了。"

对于这种孩子而言，校园生活往往充满不快和痛苦，甚至让他们一生饱受人际过敏症的困扰。朔太郎的校园生活也处处受挫，初中和高中换过好几所学校。

据说朔太郎当医生的父亲也有相似的倾向，不好客，只在外面和人会面。因此，这种性格可能也是一种遗传。

另外，朔太郎还有一个令人头疼的问题。那就是进入青年期后，他开始出现强迫症。当他想对有好感的人说"我亲爱的朋友"时，脱口而出的却是脑子里突然闪现的"你个笨蛋"。为了逃避这种情况，他开始回避和朋友的交往。

担心自己的脑子里不受控制地浮现不好的话，担心自己会违法犯罪或者已经违法犯罪，这种强迫症多见于天性认真、家教严格、过度压抑自己真实情感的人。实际上，这些人是最不可能伤害他人的，却总是感觉不安，害怕自己会做出伤害他人的事情。

·适当的压力让人更加强大

猕猴等动物也一样，孩子年幼时，父母是绝对不会攻击孩子的，相反还会全面接受并满足孩子的欲望。可见，在最初的阶段让孩子感到满足和安心是必不可少的。

但是，这并不意味着要一直满足孩子。成长发育也需要适度的压力和刺激。抱着母亲的小猴子虽然面临随时被甩下的危险，但和抱着完全不动的玩偶母猴的小猴子相比，前者的发育要健全很多。可见适度的压力有助于成长。

有人指出，近年来过敏增加的原因之一是生活环境过于干净。也就是说，如果人从小就生活在一个过于干净的环境中，那么抑制不必要免疫的机制就不会发展，让人更容易发生过敏。

在抑制免疫的机制中，抑制性T细胞发挥着重要的作用。年幼时接触到异物后，体内就会生成抑制性T细胞。这种细胞很有意思。它就像和平的使者一样，日常工作就是避免"战争"，即避免发生无用的排斥反应。

容易过敏的人，体内的抑制性T细胞数量较少。当人体缺少抑制性T细胞时，免疫系统就会对自身的细胞发动攻击，进而引发自身免疫性疾病。

如果幼年时期没怎么感染过细菌，那么体内就不会生成足量的抑制性T细胞，导致抑制免疫的机制发育不完全。也就是说，如果一个人年幼时的生活环境过于卫生，受到过度保护，那么这个人就会拥有对无害异物也过敏的体质。

同理，如果一个人压力过小，在过度保护的环境中长大，那么这个人就容易患上人际过敏症。在心理层面的无菌环境中长大的人容易有心理洁癖，无法接受不合自己心意的一切事物。

有些人的生活环境比较杂乱，全家人都挤在一起睡觉。有些人则从小就一个人睡在儿童床或儿童房内，也没有和其他孩子吵架又和好的机会。无论想做什么，他们都可以如愿以偿。毋庸置疑，这两种人对异物的敏感度肯定是不同的。

· 无序型依恋

拥有焦虑型依恋的人如果受到他人的重创，患上严重的人际过敏症，那么他们就会陷入两难的境地。他们一方面想被人接纳、被人爱；另一方面又无法相信他人，害怕被排斥，无法敞开心扉。这类型的人既有焦虑型的特征，又有回避型的特征，这就是"无序型依恋"。

【案例19】
毛姆的故事

威廉·萨默赛特·毛姆（William Somerset Maugham）是著名短篇小说家，同时也留下了《人生的枷锁》《月亮和六便士》等深刻探讨人性的长篇小说。他的父亲是一名生活在法国的英国律师，在巴黎混得风生水起；母亲在社交界以貌美为人称颂。毛姆出生时，母亲已经身患肺结核，最终在他八岁时撒手人寰。

毛姆对母亲有着异常执着的依恋，一生都活在失去母亲的痛苦中。根据毛姆独生女的回忆，毛姆不仅一直将母亲的照片放在枕边，还一直保留着母亲的长发，还曾给她看过一次。女儿被毛姆对母亲的思念打动了，但同时也感觉到了一丝令人毛骨悚然的异常。

母亲去世两年后，父亲也因为癌症离开了毛姆。自此，毛姆陷入了彻底的孤独。

失去双亲的十岁少年被叔叔和叔母收养了。叔叔在英国的一个小镇做牧师，对人非常严格。他们没有孩子，因此，毛姆被寄养在叔叔家看起来是很妥当的。但是这个叔叔是一个缺乏共情能力的人。

后来，毛姆在寄宿的公立学校遭遇了校园霸凌，这让他痛苦不堪。毛姆患有严重的口吃，父母的相继离世以及英国这个对他而言相当于异国的环境更加剧了口吃的情况。再加上身体虚弱、个子矮，毛姆成了被嘲笑、被愚弄、被欺负的对象。这个经历让毛姆患上了人际过敏症。

将他从噩梦般的学校生活中解救出来的是疾病。被诊断出肺结核后，毛姆就转到位于南法的耶尔疗养去了。在那里，他第一次接触到了文学。从公立学校毕业后，毛姆去了德国的海德堡留学一年。海德堡自由的空气进一步激发了他对文学和艺术的兴趣。他被叔本华的厌世哲学所吸引。"世界不过是被盲目的意识操控着的表象而已，所有的存在都是无意义的"，这种思想拯救了他。如果说无论做什么都是无意义的，那是不是意味着无论做什么都是可以的呢？这种想法让毛姆的内心获得了自由。

结束留学回到英国后，为了让叔叔放心，毛姆找了一份会计师事务所的实习工作。但他很快就感到了厌烦，工作短短两个月就辞职了。为了说服叔叔，他提出要当医生的计划。在叔叔的支持下，毛姆成了一名医学生。他在医学上并没有远大的抱负。学医不过是为不去找固定工作、争取时间写作找的借口而已。

学医后，毛姆依旧很孤独。他和其他同学基本没有交流，书是他唯一的朋友。关系比较亲近的也不是同龄的朋友，而是公寓的老板娘，一个年长、说话温柔的女性。这可能是因为毛姆非常思念温柔的母亲。

最后，毛姆虽然顺利从医学院毕业了，但他没有成为医生，而是走上了作家的道路。毛姆有人际过敏症，无法从内心亲近他人。成为医生虽然能带来社会地位和稳定的经济收入，但对于毛姆而言并非易事。毛姆知道自己会避免和他人建立亲密的关系，有时也会摆出过度傲慢的态度，引起不必要的纷争。为了摆脱这种痛苦，他选择了回避"真实人生"的生活方式。

这一点也可以从他成为作家后，并没有立马大获成功，也没有获得可观的收入中看出。即便这样，对毛姆而言，孤独地面对稿纸也比在人类社会中工作轻松得多。

· 因为想要相信

有人际过敏症的人往往不善恋爱，他们内心的偏激和顽固会妨碍平衡的关系，因此很难遇到合适的人来展开一段幸福的恋爱。然而，即便像毛姆这样受过重创的人，也还会想要去相信谁。在年轻、还有足够的能量去爱人的时候，哪怕只有一丝可能性，人也会想要与他人建立联结。这也是值得我们关注的一个现象。

【案例20】
毛姆的恋情

　　毛姆在三十三岁的时候才作为作家受到认可。此时，距他的处女作出版已经过去了十年。

　　他在四十二岁结婚，妻子名叫西莉，三十五岁左右离过一次婚。毛姆是在失恋后最落魄的时候遇到她的。西莉的父亲是著名的慈善家，在英国建造了几十家孤儿院。西莉在一个家教严厉的家庭中长大。她被迫嫁给了一个大她二十多岁的学者，但她并不是一个温顺、耐得住寂寞的女性。仿佛在和父亲的教导作对一样，她不仅和除了丈夫以外的男性一再发生关系，还会向情人讨要报酬。和毛姆相遇时，西莉因为奢华的生活欠下了巨额债务，急需一个

"金主"帮她还钱。

当时西莉还没和丈夫离婚，要是怀孕了会很麻烦，所有人都了然，但总是很难相信别人的毛姆却像被灌了迷魂汤似的，完全被西莉牵着鼻子走了。

糟糕的是，西莉的丈夫雇佣私家侦探跟踪西莉。和毛姆的关系被发现后，陷入绝境的西莉服用了大量的安眠药，企图自杀。狼狈的毛姆很同情西莉，决定为她收拾所有的烂摊子。

看穿西莉本性的朋友提醒毛姆，让他不要上当。她只是把他当作能帮她还钱的冤大头而已。但是毛姆没有改变和西莉结婚的决定，他说："我也是孤儿，从小吃了很多苦，我不想让她的孩子也经历同样的事情。"毛姆从西莉肚子里的孩子身上看到了自己的影子。

但一起生活久了之后，西莉的性格、生活方式、浅薄的趣味、没教养的言行等，都让毛姆感到很焦虑。本就不多的同情很快就转变成了剧烈的恨意。毛姆的婚姻生活在形式上持续了十几年，但实际上，后半部分两人几乎没在一起生活。这段不幸的婚姻让毛姆的人际过敏症恶化到了无可救药的地步。

在毛姆七十五岁时出版的《作家笔记》中，有这样一节内容："他竭尽全力想要把他拉向自己，试图了解他，也希望他了解自己，透彻、直达心底地了解。但一点一点地，他发现这些都不可能。不管他对这个人多么挚爱，也不管和他关系多么亲密，他对自己来说总是个陌生人。就连最相亲相爱的夫妻都不能相互了解。于是他不再与人交往，默默地建造起属于自己的世界，避开每一个人的目光，包括他最爱的人，因为他知道这个人不会理解这一点。"

第五章

拆掉内心的墙——人际过敏族的日常生存对策

如果放任不管，人际过敏症甚至会影响健康和寿命。

人际过敏症并非不能克服。

人体有自我修复的能力。只要针对原因和症状，采用合适的方法来应对，就可以在日常生活中克服人际过敏症。本章会介绍具体的对策。

日渐普遍的人际过敏症 <<<<

越来越多的现代人开始出现过敏反应。同样，在现代社会中，人际过敏症也在人群中急速蔓延。没有杂菌的干净环境会助长过敏。同样，缺乏人与人接触的环境也会引发人际过敏症。

现代人已经习惯了由各种智能化系统控制着的舒适环境。对于这样的现代人而言，不如自己所愿的他人是令自己不快的因素之一。

人际过敏症越来越普遍还有其他原因。和父母的关系不好导致依恋障碍增加也是一大原因。讨厌抱孩子、背孩子这样的亲密接触，导致肌肤接触减少也会助长依恋障碍。

单身人士越来越多，这与日渐淡薄的依恋情感和人际过敏症的蔓延脱不开关系。

虐待、霸凌、骚扰、家暴、离婚等问题的增加，可以说是人际过敏症增加的一个指标。除此之外，结婚率降低、性冷淡、少子化、谈恋爱的年轻人减少等现象，也是人际过敏症增加的指标。

人际过敏症不仅会引发人际关系的问题，还会助长压力，对健康和寿命也会产生负面的影响。比如，人际过敏症是导致离婚的一个原因。研究表明，离婚会影响寿命。男性大约减寿十年，女性则是五年左右。因此，尽早再婚有助于长寿。

离婚不仅会对当事双方产生影响，也会影响孩子。离异家庭的孩子，平均会减寿五年。一直单身也不利于长寿，尤其是男性，平均寿命会减少九年七个月。相反，有了孩子可以降低父母的全因死亡率。这里提到的数字源自美国一项长达八十年的寿命研究的结果（Friedman & Martin, "The Longevity Project", 2011）。

另外，众所周知，神经过敏、焦虑不安、具有攻击性的倾向会提高死亡率。根据一项有关肺癌发病年龄的调查研究（Augustine et al., "Personality Predictors of the Time Course for Lung Cancer Onset", 2008），有很强的攻击性或敌意，尤其是有严重语言暴力的人，往往会较早患上肺癌。另外，人际过敏症患者中常见的破坏性思维也会提高死亡率。

如今，在十分关注健康的现代人面前，横亘着一堵叫作人际过敏症的墙壁。

根本原因是过度的异物识别 <<<<

人际过敏症是由过度地将他人识别成异物引起的。因此，首先必须要思考如何改变矫枉过正的识别（原因）。只关注激烈的过敏反应（结果），试图采用对症疗法来治疗是没用的。这种做法就相当于只堵住了河的下游，等到决堤之时，只会落得个被冲走的下场。

但是，只改变识别也不行。虽然脑子知道，但身体会不受控制地做出反应。对他人的排斥感一旦涌上来，心情和行为就会变得不可控。

此时，就轮到抑制人际过敏症的另一个机制出场了，那就是依恋。这个机制有助于抑制过度的异物排斥，同时也可以防止自己人被识别为异物。当这个机制的功能减弱或丧失时，人际过敏症就会加剧。如果可以强化这个机制，或合理地运用这个机制，应该就可以缓解人际过敏症了！

下面我们就从过度的异物识别和抑制人际过敏症的机制两个方面着手来探讨对策吧。

改变过度的异物识别 <<<<

·分解和消化

先来看一下该如何修正过度的异物识别。

基本操作是分解异物。身体的过敏也是一样的原理，因此，我们先从这一方面着手。

过敏一旦发生，是否就会伴随终身呢？答案是未必。有些过敏是可以克服的。

比如食物过敏，这是婴儿期最常见的一种过敏。长大后会逐渐减少，最后，即便引起过敏的因素还有残留，也不会再出现症状。这是因为随着肠胃的消化功能发育完全，其分解食物的能力也会变强，能够将引起过敏的蛋白质等物质分解。在某种程度上，过敏只会针对大分子异物发生，也就是病毒、细菌等。食盐和水分子，以及氨基酸、胆固醇的分子量都很小，不会成为过敏原。虽然蛋白质的分子量大，但在消化过程中会被分解成氨基酸，也就不再构成过敏原了。

孩子的消化功能在四岁前后发育完全，很多食物过敏的症状会在这个时候消失。严格来讲，过敏还存在，但被识别为过敏原的物质会在到达肠道之前被分解，失去抗原性。因此，不会再引发过敏。这个原理也同样适用于人际过敏症。

在精神的消化能力还没成熟时，他人的言行会直接到达你的内心深处，引发异物反应。但是，随着自身分析、理解能力的提高，我们会开始对他人的言行进行分解，使其失去"毒性"，甚至可以将其转变为"营养"吸收进体内。

从根本上来讲，你讨厌的那个人身上之所以会产生异物性（抗原性），是因为那个人的言行曾伤害过你。如果对方一直伤害你，你甚至会对对方的人格产生排斥反应。

既然这样，那只要将源头的不快、痛苦经历一一嚼碎，分解到不会对你造成伤害的程度就可以了。

·人心有自愈机制

就像自然免疫一样，人心也具备自愈机制。对异物进行分解、消化的第一阶段是睡觉和做梦。人心会试图通过睡觉、做梦，修复白天遭受的打击。前一天的负面情绪带来的不适会在睡了一觉之后得到一些缓解。如果受的打击很严重，那么只睡一晚可能无法分解。偶尔你会连着好几晚做同一个梦吧？这也是心理努力修复重伤的表现。有时候甚至需要几年、几十年才能全部消化某件事。因此，睡觉和做梦是非常重要的。请先确保充足的睡眠。

另外，遗忘也是一个很重要的心理自然免疫。但是，人们总是会受到想忘都忘不了的打击。如果一刻不停地责备自己，不仅不会遗忘，反而会变得更加敏感。当遭受的打击过大，或出现了抑郁症等精神方面的疾病时，我们往往无法停止思考。一天二十四小时无时无刻不在想那些伤害过自己的人和事，整个人会肉眼可见地变得疲惫，逐渐衰弱。

即便在这种时候，人也有自救的方法，即将内在的情绪转化为语言表达出来，以此来推进分解、消化的过程。这种自救方法的效果好到惊人。

第一阶段是将内心的情感和情绪都发泄出来。你可以哭泣、愤怒、懊悔、抗议、叹息。如果身边没有合适的人，你也可以找心理咨询师或精神科医生来宣泄。比起一个人孤独地叹息、懊悔，找个人陪在身边，和你一起分担，会让你更快地克服困难。

第二阶段是讲述发生了什么。将自己感觉没道理或无法接受的事情讲给另一个人听，让他和你共同承担这件事。同时，通过语言的梳理，你可以更加客观地重新审视整件事情。

说出口的经历将不会再直接对你造成威胁，你可以反反复复地去讲述它，让这成为你克服痛苦经历的重要手段。这和做梦非常相似。无论多么恐怖的梦，都不会直接威胁做梦之人的生命安全。你可以像看电影一般地重新经历一次伤害过自己的事情，找回冷静面对它的勇气。

这一阶段结束后，还有一个流程，那就是重新定义给你造成伤害、威胁的经历以及由此产生的心理创伤。给你造成伤害的人及其行为究竟是什么呢？对于这个问题，你要做出解释或赋予名字。自己遭受的事情到底是什么？对这个问题的理解有助于制止这次经历产生的破坏性作用。

给上司的无理要求和人身攻击赋予职场骚扰或性骚扰的名字，这不仅可以给自己的处境一个明确的定义，也可以防止自己陷入混乱或自责的境地。但是，从分解的角度来看，这种宏观的认识还不是最终阶段，还没有达到将异物性彻底分解的程度。

为了克服人际过敏症，重新建立稳定的信任关系，还需要对异物做进一步的分解和无害化处理。

·先阻止过度反应

人类具有通过将经历转化为语言，再进行概念操作的能力。我们可以将对自己构成威胁的人的言行或藏在背后的人格放在砧板上，然后用语言这把锋利的刀刃，将其切成小块，以方便消化。

只凭批判或指责是无法把异物性去除干净的。也就是说，分解还不够彻底。如果可以将其分解得更加细致，那么异物性就会转化为更加无害的构成要素，你就不会再对异物产生愤怒的情绪，甚至还能予以接受。即便异物的部分还有残留，那也只是整体中极小的一部分。随着抗原量的减少，过敏症状也会渐渐减弱。

分解的流程需要经过几个阶段。首先，要将过敏的本体部分以及由它引燃的过度放大的部分切割开来。

过敏具有扩散的特性，若不加以控制，人际过敏症造成的伤害会越来越大。一开始，过敏是针对对方的部分特性或行为产生的，但渐渐地，火势会蔓延开来。

对方的一部分引发了过敏，却连对方身上完全无害的特性和值得爱的地方也厌恶和排斥。你开始憎恨、攻击、排斥对方整个人。更有甚者，和对方有关的物品或让你联想到对方的所有物品都会催生你的不快和排斥。如果你一直无法从这种情绪中走出来，那最终你也会对毫无关系的其他人产生恨意，将攻击的矛头对准他们。有时候，面对想要帮助你的人时，你也会展现排斥的态度。

和火灾一样，火势一直蔓延，造成的损害就会扩大。在克服人际过敏症的过程中，如何阻止过度反应非常重要。

阻止过度反应1　**区分事实和推测**

大部分否定性的想法都不是事实，而是基于事实的推测。人际过敏症患者只要看到一点点征兆，就会把所有事情往坏的方面想，生成与事实相差甚远的认知。

【案例21】
只对我冷淡

　　杏夏（化名）是一个白领，最近上司的态度让她很焦虑。事情的起因是一次工作中的提醒。明明只是一个小错误，上司却在所有人面前指了出来。这让杏夏有点受打击。自那之后，她就感觉上司好像只对自己很严格，因此每天严阵以待，以防又被说些什么。这个上司以前对杏夏很温柔，非常值得信任。但自从一名新女员工加入后，上司似乎就只对那个人热情了。每次看杏夏的时候都一脸嫌弃，好像她是一个麻烦似的。"上司难道是不需要我了，希望我辞职？"杏夏很想对上司说："如果你希望我辞职，就请说清楚。"

　　在这个案例中，属于事实的部分有两个。一个是上司指出了杏夏工作上的错误，另一个是最近来了一名新员工。只对自己严格、对新员工温柔、上司希望自己辞职这三点，都是杏夏的推测。要区分事实和推测，只要讨论一下自己在意的事情有多少客观性和合理性就可以了。

我问杏夏，上司有没有提醒过别人。她解释道："有个年轻的男性员工经常被骂，但他是男性。而且我迄今为止，很少被训斥。"我又问她，在她还是新人的时候，上司对她好不好。她回答："他非常热情地教导过我。"

也就是说，杏夏刚入职的时候，受到的待遇是和最近刚来的新人一样的。而且，上司平时也很少训斥她。

接着，我又问杏夏："如果你现在辞职了，那别人能很快接手你现在负责的工作吗？"杏夏回答说："至少需要半年吧。"我继续问："如果是这样，那你突然辞职，最头疼的不是你上司吗？你现在还觉得他想让你辞职吗？"杏夏终于意识到自己的担心有点过了。

"表情冷漠""好像在生气"等主观臆测往往会被认为是事实。但其实大部分只是推测。最近几年的研究发现，解读表情相当不靠谱。在一项测试中，测试人给被测试者看了各种表情的照片，让他们判断每种表情表现的是什么感情。结果令人很意外，很多人都解读错了。

人际过敏症患者容易将别人的表情往不好的方面理解。对自我否定严重、受过虐待的人来说，即便是很平常的表情，也往往会被误以为是在生气。相对容易分辨的表情尚且如此，对态度、气氛的推测就更不可信了。

　　将事实和推测区分开，针对推测的部分对自己说："这些都是推测，不知道真实与否。不要往坏的方面想，不要为此烦恼。"

　　[阻止过度反应2] **停止肆意关联和一般化**

　　臆想造成的过分解读会使得人际过敏症加重。很多人总是肆意地将毫无关系的事情关联起来，然后从中读取恶意的信息，进而燃起敌意。他们感觉所有人却联合起来要将自己逼入绝境。有些事情明明只发生了一两次，他们却觉得好像总是发生，因此觉得坏事连续不断。也就是说，他们会将偶然事件一般化。

【案例22】
被诅咒的人生

　　侑子（化名）是一名四十多岁的白领。公司里有几人和她不对付。哪怕是去卫生间的时候，她也会观察周围，尽可能不和他们碰面。但是，有一天，她在走廊遇到了她最讨厌的男同事。不仅如此，从卫生间出来时，她还和一个总是说话难听的女员工碰了个正着。她很生硬地和他们点头打了招呼，却不知道他们会怎么看自己。侑子觉得他们现在肯定在说自己的坏话。真是倒霉，竟然连续碰到两个讨厌的人。她甚至怀疑自己的人生是不是被诅咒了。

在这个案例中，主角也将事实和推测混为一谈了，将不好的推测当作事实，自己折磨自己。除此之外，她还给偶然事件赋予了特殊的意思，最后甚至认为自己的整个人生"被诅咒了"。这就是过度一般化。这种思维模式会助长人际过敏症，让自己与他人之间的关系变得更难维系。

【案例23】
幻想中的敌人

三十多岁的白领纪正（化名）被提拔为项目组长。他经常工作到深夜，却依旧干劲十足、乐此不疲。但比他年长的A却不太配合，很难相处，好像对纪正的工作方式也颇有微词。纪正不知道该如何和他说话，渐渐开始觉得有压力。恰巧在这时，他得知团队里的几个同事周末一起去喝酒，没有叫自己，这让他很受打击。自己为团队付出了这么多的努力，到头来他们却没把自己当成同伴。

自那之后，纪正每次去公司，心情都很沉重。他觉得除了A以外的其他人也对自己不满。他开始注意大家的眼神和脸色，整日提心吊胆。一看到同事似乎面露不满就不给其分配工作，全都自己干。最终，纪正无法正常去上班了。

在这个案例中，事实有两个。一个是团队里有一个年长的人，纪正作为领导很难管理。一个是同事们没有邀请纪正去聚餐。根据这两个事实，纪正推测自己在团队中受到了孤立，并且得出大家不认可自己这个领导的结论。然后，他将周围的人臆想成敌人，对自己步步紧逼。

但事实却并非如此。A的妻子当时身患癌症，正在治疗。A看上去不太配合工作，是因为他把精力都放在了妻子身上。其他同事对纪正的工作方式也没有特别的不满。没有邀请他一起去喝酒是因为他看上去很忙，并没有别的意思。

纪正肆意地将毫无关系的事实关联起来，将这些推测理解成自己担忧的"事实"。很多事情，哪怕站在你的立场上只能这么理解，真相往往也会和你的理解天差地别。

但凡团队里有一个可以轻松聊天的人，纪正也许就能更加准确地把握情况了。但是，有人际过敏症的人感受到自己可能被孤立的时候，非但不会向周围的人求助，反而会闷在心里，试图切断和外界的联系。他们觉得周围的人全是敌人，求助他们只会更加危险，或是成为他们的笑料。不看事实，只依靠推测的后果就是扭曲事实，做出错误的判断。

阻止过度反应3　周围的目光其实没那么严苛

将他人视作异物的一个原因是神经过敏。那些对很多人来说算不上不快的事情，对神经过敏的人也会构成痛苦。因此，他们更容易受伤。另外，和他人在一起这件事本身就会给他们带来压力和疲劳。渐渐地，他们会感觉到愈发痛苦，最终发展成人际过敏症。

药物治疗对人际过敏症有效就是因为这样的机制。很多案例都表明，服用少量的镇静剂不仅可以显著改善神经过敏症状，让患者行动更加方便，还可以改善人际关系。

但是，具有依赖性的抗焦虑药物对神经过敏治标不治本，还容易让患者产生药物依赖，因此需要引起注意。

神经过敏还会带来一个问题。那就是对周围人的目光和声音非常敏感，过度地将其和自己关联起来，即所谓的"自我意识过剩"。这种倾向如果严重，患者就会认为周围的视线和声音全都是围绕自己的，还会有负面的理解，认为他们是在嘲笑、攻击自己。

在神经过敏的驱动下，患者会认为周围人的目光都是在瞪自己，进而感受到实际并不存在的敌意。他们其实是在和自己制造出来的幻影作战。如果感觉周围的人一直在监视和攻击自己，那就会产生巨大的压力。为了保护自己，患者可能会进行反击，其实就是主动挑起事端。

要想切断这个恶性循环，就必须抑制自我关联，不要觉得周围的人都在看你。比较有效的方法是不停地对自己说"别人没有我想得那么在意我"。因为人虽然会担心别人对自己的看法，却不会一直在意除了自己以外的其他人，这就是现实。

· 专注事实

将所有推测和肆意的关联去除后，就只剩下事实了。这时，再将事实分成会直接构成伤害的部分以及不怎么有害的部分，慢慢明确真正令你困扰的是什么。

假设你越来越讨厌你的上司，已经开始出现人际过敏的症状，如果放任不管，针对上司的人际过敏就会加重，有关上司的一切都会变得无法容忍。这时候，和他一起工作会给你带来巨大的压力，让你们的关系越来越糟糕。若依旧放任不管，你的人际过敏症就会持续加重。最后，你不信任所有人，丧失自信，甚至对人生感到绝望。

为了防止事态发展到这个地步，你可以将无法容忍的部分，与可以得过且过的部分或者好的部分区分开来，明确真正令你感觉不适的地方。首先，请将上司的言行记录下来。回顾时，将其分为无法容忍、可以得过且过和好的三部分。

【案例24】
明哲保身的上司

邦章（化名）因为和上司发生争执，渐渐陷入了无力、绝望、不相信人的状态。在抑郁症有所好转时，他回顾了一下上司的言行。结果如下：

·好的部分

大体上还算稳重，很少有情绪化的表现。

·可以得过且过的部分

自私，只顾自己轻松。对感情的微妙之处很迟钝，说话不经大脑。胆子小，谨小慎微，明哲保身。

·无法容忍的部分

自己不好好工作，却总是对下属的工作说三道四。

邦章想要做的项目被上司亲手毁掉了。如果上司只是偷懒或明哲保身，那他还能容忍。但是，上司却因为自己的胆小和嫉妒，把他倾注了大量心血的项目毁掉了。这是无论如何都无法原谅的事情。优先公司的发展，还是优先明哲保身？这种价值观的决定性差异让邦章感觉对方是异物，并引发了严重的人际过敏症。

邦章在回顾的过程中发现，自己对一切感到绝望，陷入不信任人的境地其实是一种过度反应，自己只是无法原谅上司的心胸狭窄、谨小慎微而已。他也明白了自己无法妥协，是保持自我的必然反应。他确信自己已经无法继续在这个上司的手下工作了，也不再纠结找不到折中方法的自己是不是能力不足。他主动提出了调岗，一想到马上就要在新的地方工作，就明显活跃了起来。

这个案例告诉我们，当一个人的生存方式受到威胁时，心理就会以人际过敏症的方式拉响警报。这种情况下，你就不应该一味地忍耐、妥协，而应该去寻找更合适的环境和搭档。

我们必须阻止过度反应的蔓延。但是，如果是核心部分发生了排斥反应，那就要认真倾听身心的警告，解读其中包含的信息。

· 被过去操控

专注异物本身的事实后，就要回顾一下过去，看有没有类似的经历。如果早就有潜在的人际过敏症，当遇到有相同抗原的人时，人际过敏症就可能会被激活。在前文介绍的增强效应的作用下，即便接触时间短，也会产生强烈的排斥反应。

借由回顾家人、朋友、身边的人中是否有自己讨厌的人，可以在某种程度上找到人际过敏症的源头。如果可以发挥抗原性，找到带来痛苦的点，就可以进一步锁定原因。

比如，因为和上司的纠葛患上抑郁症的邦章，他的母亲很有包容心，但是父亲却常年酗酒，不仅蛮横不讲理，还整日无所事事、游手好闲。自己的学费都是母亲辛辛苦苦赚来的。因此，邦章对他的父亲抱有强烈的负面情绪，认为他是折磨母亲和自己的罪魁祸首。

回顾完上司后，邦章在我提问之前，就说道："我发现他和我父亲有很多相似点。"据他说，他对父亲很排斥，总觉得他"没什么本事，却一天到晚发牢骚"。

邦章把父亲当作反面教材，非常刻苦地学习，最终成功进入一家一流企业。当有一个像父亲一样的人再次出现在他面前时，他忘掉了对方上司的身份，和他发生了争执。

过去遭受过抛弃、虐待的人，会对抛弃、虐待他们的人产生人际过敏反应。人际过敏症可能一直潜伏在他们心里没有发作，只要遇到类似的情况，就会被激活。了解了这种心理机制后，就可以减少在不知不觉中被过去的"亡灵"操控的风险了。

· 掌握关键的两种能力

克服人际过敏症需要掌握两种关键的能力。

一是共情能力。不是单纯地同意对方，而是站在对方的立场上，感受对方情绪的能力。如果共情能力弱，往往就会只关注自己的处境和对自己不利的事情，难以察觉对方的情绪。

另一种是自我反省能力。有些事情乍一看是对方的问题，但是通过自我反省，你可以从中找到自己的问题。这有利于我们纠正自己的行为，建立良好的人际关系。如果自我反省能力弱，那么当对方指出自己的错误时，你就会将对方的行为理解成对自己的攻击。攻击自己的人即为敌人，为了回击，你会进行反驳或者直接恼羞成怒。因为无法反省，所以你也不会纠正自己的行为，导致摩擦越来越多。

对方也许只是出于好心，给你提出建议，也许是忍耐到了极限，希望你改正。积极地理解和接受对方说的话，并做出改变，对方对你的信任也会增加。这能促进双方建立更加平衡和长久的关系。

请试着回顾过去，自我反省一下。当发生违背自己想法的事情时，有的人会站在对方的立场上思考，有的人则会报复回去。当对方指出自己的错误时，有的人会真诚地接受并改正，有的人则会生气地回击，让对方不要多管闲事。

你是哪一种呢？如果你是后者，那么你的共情能力和自我反省能力都比较弱，容易引发人际过敏症，也会造成不必要的摩擦。

共情能力和自我反省能力就像是汽车的轮子一样，紧密地连接在一起。如果从大脑结构来分析，负责这两种能力的大脑区域是相邻的，两者通过神经网络紧密相连。功能性联合体就是这么产生的。

事实上，这两种能力的强弱是共同进退的关系。共情能力高、能为他人着想的人，一般也擅长自我反省。相反，共情能力弱的人自我反省能力也弱。因此，当后者经历不快的事情时，他们会更容易觉得这是来自他人的攻击。此时，他们会执着于自己的想法，固执地拒绝改变，然后对自己说："他人是令人讨厌、不可靠的存在，是不能忽视的敌人。"在这个过程中，人际过敏症会变得愈发严重。

但是，同样的经历，有的人却可以将伤害减少到最低，并加深双方之间的信任关系。发挥关键作用的，就是为对方着想的能力和自我反省的能力。换句话说，就是是否拥有一颗真诚、温柔的心。

要想克服人际过敏症，就必须从平时开始，养成自我反省的习惯，以及站在对方的立场上思考问题的习惯。在实际生活中，可以通过书写来整理思路，或找一个听众，一边和他对话一边整理。这些都是很有效的方法。

·分辨过敏来自过度反应，还是价值观冲突

过敏不是忍耐就可以治愈的。相反，越忍耐事态就会越严重。患上花粉症后，如果继续接触花粉，症状就会加剧，甚至影响日常生活。

　　针对花粉症，最快、最有效的应对方法是不接触花粉。同理，针对人际过敏症，减少和过敏原的接触有利于改善症状。最基本的做法是和对方保持距离。

　　首先，你必须分辨清楚，现在发生的排斥反应是因为自己的过度敏感，还是和最根本的价值观有关，这点很重要。如果是前者，那么即便另换他人，也会发生同样的事情，这时你需要做的是克服过度反应。但如果发生排斥反应是因为最根本的价值观或生存方式不相容，那么就不应该忍耐，而是想办法和他们保持距离。

激活抑制人际过敏症的机制 <<<<

·稳定的依恋关系

前文介绍了该如何修正心理对异物的过度识别。

　　我在本章的开头也提到过，克服人际过敏症有一个有效的方法，那就是激活抑制人际过敏症的机制。

　　抑制人际过敏症的机制就是稳定的依恋关系。换言之，通过安全依恋关系来缓解人际过敏症。近年来，我比较关注这一方面，也将其应用到了临床中。

那么，如何才能让依恋关系变得稳定呢？关键是重建"安全基地"。依恋关系稳定时，其存在就会发挥安全基地的作用。所谓安全基地，是指像温柔的母亲一样的存在，它不会伤害我们，在我们需要的时候会及时伸出援手。这里有个很关键的要素——温柔。能激活负责依恋情感的催产素系统的不是严厉和攻击，而是温柔和照顾。

出现人际过敏症的人会变得越来越严厉，越来越有攻击性，因此会让人际关系进一步僵化。但只要抓住机会，重新找回"温柔"，就可以逆转这个恶性循环。比如第三章中那个"令人困扰的新人"，在后续中，纪美子人际过敏的症状越来越严重，身体出了问题。而那时担心她、温柔地照顾她的人，正是那个给她造成困扰的新人。自那之后，她对那个新人的排斥感就消失了，两人也恢复了良好的关系。

即便是十分严重的情况，只要利用好这个机制，也能改善人际过敏症。下面，我就来介绍一个我使用的方法吧。

有人际过敏症的人因为怕再次受到伤害，所以就好像全身长满了刺。这时候，无论是对谁，他们都会产生异物感，导致摩擦、冲突不断。很多时候，乍一看是职场问题，但实际可能是因为患者和本应支持他的父母、伴侣相处不融洽。

那要怎么办呢？我会和烦恼不已的患者本人建立信任关系。同时，也会去找那些可以支持患者的人，寻求他们的协助，和他们也建立信任关系。之后，再作为患者的心声代言人，将患者本人真正的需求转达给他们。周围的人解读你的态度和言行时，通常只流于表面，很少去倾听你内心真正的声音。因此，即便是本应支持患者的人，也会解读出完全相反的意思。在让他们明白患者的真正需求后，我会继续指导他们如何和患者相处。

最后，惊人的变化发生了。很多患者不仅和支持他的人的关系变好了，也改善了和其他人的关系。情绪、行为方面也肉眼可见地好了很多。支持患者的人在知道了患者本人的心声后，认真地改变了和患者的相处方式。最后，他们也发生了很大的变化，甚至有点悔不当初。

首先，必须要寻求支持患者的人的协助，这是实现安全依恋的起点。接下来，治疗者需要和支持患者的人建立信任关系，并提供建议，帮助他们发挥"安全基地"的功能。患者拥有安全基地后，就会形成安全依恋。最后，安全依恋又会激活抑制人际过敏症的机制，让患者慢慢恢复免疫宽容，不会再对一点点小事产生异物反应。也就是说，患者会变得宽容起来，不再因为一些小事而生气。过敏性减弱后，患者也就没那么容易受到伤害了。

就像这样，随着人际过敏症的减轻，摩擦和纠纷会不断减少。对于患者的变化，周围的人也会表示欢迎，并给予肯定的评价，最后接纳患者。如此，良性循环就形成了。这个良性循环不仅会影响人际关系，也会提升患者的生活质量，稳定患者的情绪，让患者恢复自信。

这些都是实际发生过的变化，并非纸上谈兵。

【案例25】
原本很讨厌的父母

友佳梨（化名）一直无法从父母给她造成的伤害中走出来。在明白自己不可能和他们互相理解后，她在快三十岁的时候离开了家，一走就是十年。然而，父亲突然病倒了，佳梨心里泛起了一丝不安。于是，她下定决心，回到了父母身边。

可是她很快就体会到自己做了个错误的决定。离开父母后，她能冷静地思考自己和父母的关系，但是重新在一起生活后，那些快要忘却的异物感和痛苦渐渐复苏了。

父母还是老样子，无论自己说什么，他们还是会立即否定。过去那些令人厌恶的经历不停闪现，刺痛着友佳梨的心。友佳梨追问母亲，她当时为什么要做那样的事。被追问的母亲很生气，不明白自己的孩子为什么要说这样的话。母亲的回答无非就是"那时候肯定是有什么原因的""现在翻旧账也没有意义"，而这让友佳梨的攻击性变得更强。

友佳梨原以为自己和父母的关系已经有所改善，但那仅仅是因为自己和父母保持距离，接触过敏原的机会减少了。重新和父母生活在一起之后，对父母的异物感又出现了。并且在增强效应的作用下，很快就产生了剧烈的排斥反应。

友佳梨每次来接受心理咨询，都会吐露她对父母的负面情绪。她不停地诉说一直以来父母是如何践踏自己的想法的，不停地发泄自己无处安放的怒气，抱怨自己的人生因为父母变得一团糟。她不喜欢父母做的所有事情，总是怀着厌恶感指责他们的每一个行为。可以说，友佳梨已经对父母厌恶到了极点。

但是，很明显，她的恨意源自她对父母之爱的渴望。自己想要的东西，父母却永远满足不了，对此她感到非常愤怒。在这种精神状态下，问题是不可能解决的。友佳梨变得越来越焦躁。

为了打开困局，我去寻求友佳梨母亲的协助。母亲一直很苦恼，不知道该怎么和女儿相处。她也一直想要改善无法和女儿融洽相处的问题。于是，我就代替友佳梨将她决定搬回来的原因告诉了母亲。母亲听着女儿的心声，流下了眼泪，并且反思道："确实，我们对她太严格了。"她还说："友佳梨其实是个很温柔的孩子，我一直都知道。可是每每听到她充满责备的语气，我总是忍不住对她发火。"我给了她一些如何和女儿相处的建议，她也很认真地听了。

几天后，友佳梨来了。她就像变了个人一样，非常温和，脸上也没有了以往的颓丧。她说："我第一次和父母融洽相处，和妈妈一起做家务很开心。"

后来，友佳梨又跟我说："我感觉我已经克服与父母相处困难的问题了。他们以前对我做的事，现在想来，好像也无所谓了。比起过往，我更想考虑今后的事情。"友佳梨之所以有强烈的排斥反应，是因为她的内心深处极度渴望爱。因此，只要协调得当，修复关系也没有那么困难。当一个人获得安全基地，依恋关系得到修复，即使再遇到困难，他也会向前看。

· 由渴求带来的错过

不仅是亲子关系，夫妻、情侣关系也一样。正因为渴求，才会固执地排斥。很多人都没有意识到这一点，就永远地分开了。

【案例26】
拒绝到底的丈夫

绘美子（化名）三十六岁的时候，遇到了当时正在二次准备司法考试的琢磨（化名）。因为上一段婚姻的失败，绘美子对恋爱非常谨慎。琢磨比她小八岁。一开始，绘美子并没有把琢磨当成恋爱对象，而是当作弟弟来对待。在接触的过程中，琢磨渐渐爱上了绘美子，而绘美子也被琢磨的率性吸引，不知不觉就难舍难分了起来。

两年后，琢磨突破重重难关，如愿以偿地当上了律师。绘美子一直盼望着这一天的到来，但是愿望实现后，她的心中又生起一股新的不安。琢磨的前途一片光明，年长八岁的自己会不会拖他的后腿呢？如果自己已经成了他的包袱，那现在就是分手的最佳时间吧？绘美子问琢磨："今后，我该怎么办呢？"琢磨给出的答案是："结婚吧。"琢磨说服了父母，勉强得到了他们的同意后，和绘美子结婚了。

但是，婚后的生活并不平静。琢磨在工作中表现得非常真诚且热情，深受委托人的信任。但是，同事和上司却觉得他做得有点过了，都开始疏远他。琢磨的性格过于正直，无法妥协，于是多次与同事起冲突。每当这时，绘美子就会陪在他身边，给不谙世事的丈夫提供建议，教导他为人处世的方法。功夫不负有心人，在经过几次跳槽后，两人终于过上了稳定的生活。在自家客厅和丈夫一边喝红酒一边聊天，成了绘美子最大的乐趣。

不久，绘美子的父亲因为脑梗死病倒了。虽然保住了一条命，但需要人陪护。绘美子不忍将一切都交给母亲一人，于是每周有超过一半的时间都会回到位于关西的娘家。在那之前，绘美子都是贴身照顾丈夫的，但如今，有一半时间都对他不管不顾。

一开始绘美子是两边跑，但是父亲的状态一直稳定不下来，她就索性住在娘家了。即便这样，琢磨也没有抱怨，非常配合。两人每晚都会煲电话粥，因此在精神上，并没有分开的感觉。

这样的生活持续了一年多。有一天，琢磨打来电话，跟她说了一件出人意料的事情。"给你个惊喜！"琢磨的声音中带着一丝往日没有的兴奋。绘美子好奇发生了什么事，没想到琢磨却告诉她，他想转到大阪的律师事务所来。

丈夫想要放弃历经千辛万苦才稳定下来的工作。绘美子觉得丈夫这样做有点冒险，于是立马提高音量，反问道："你在说什么傻话？光是律师协会的注册变更手续就很麻烦不是吗？"

在琢磨看来，这个决定是他经过深思熟虑后，能想到的对妻子最好的决定。照理说，妻子应该高兴才是。结果没想到竟然会遭到她的反对。"好的，那就这样吧。"说完，琢磨就把电话挂了。第二天早上，也没给绘美子打来电话。绘美子意识到自己的说话方式不对，于是就给他打了电话，但他也不接。没办法，绘美子只好给他发短信道歉："对不起，你做这样的决定都是为了我，但我却那么说你。真的很抱歉。"但是，琢磨还是没有回复。这样的吵架以前也发生过几次，但每次不到一个礼拜就和好了。因此，绘美子并没有放在心上。

然而，一周过后，丈夫依然不联系她。绘美子意识到这次情况不对，于是立马就回去了。结果家里已经没有了丈夫的物品，只留下一张纸条。上面只写着一句很简短的话——我要离婚。

为丈夫的面子着想，绘美子从来没去过他的公司。她觉得自己年纪比他大那么多，出现在他公司可能会让他感到厌烦。但现在也顾不上这些了。绘美子觉得丈夫不会乖乖地出来见自己，于是想了一个办法。她使用假名字，以委托人的身份预约了面谈。她说是熟人介绍的，并指名要找琢磨。

到了那一天，绘美子被带到了事务所的一个小房间内等待。丈夫出现了。一个半月不见的琢磨看到"委托人"是妻子，不由得想要退出房间。"我想和你好好谈谈。"绘美子的话阻止了他的步伐。他心不甘情不愿地坐到了沙发上。但是，不管绘美子说什么，琢磨始终都板着脸说："我的决定不会改变。和你继续维持婚姻生活已经没有意义了。"他拒绝了绘美子想要和好的请求。

分开时，琢磨询问了一下岳父的情况，然后温柔地对绘美子说："你也要保重。"但是，他的语气里充满了落寞。

之后，琢磨也没有回过家里。绘美子有点担心，联系了他几次，却都没有音讯。绘美子怀疑他在外面有人了，就去打探了一下，却得知他在事务所附近租了个一居室，一个人住在那里。他是想要斩断和绘美子的关系。

到底是哪里出问题了呢？丈夫为什么会这么彻底地讨

厌自己呢？绘美子想不明白。

琢磨的这种状态基本就是依恋情感受到伤害造成的焦虑型依恋。正因为渴求对方，依赖对方，所以当感觉自己被对方忽视后，就会变得无法原谅对方。他们会用愤怒和排斥来折磨对方，想让对方也体会一下自己受到的伤害。受伤的感觉越强烈，愤怒或排斥的反应就越激烈。

如果是小孩子，因为他们对父母是全方位的依赖，所以即便发生焦虑型依恋，也不会持续很久。他们会暂时性地表现出别扭或叛逆，很快就会输给想要撒娇的欲望，情绪也会随之恢复。但是，到了青春期，孩子在某种程度上拥有了自立能力，就算不依靠父母也可以生存下去。因此，他们的反抗或拒绝也会持续得更久。他们会躲到朋友家去，或者离家出走，但基本都会在几天后回来。偶尔也会出现消失几年的情况。

成年后，无论多么依恋精神上曾经依赖的对象，都没有离开他不能活的感觉了。有时候会因为生气或者一直排斥对方而选择分开。分开后，有可能经历依恋的脱离状态，依恋情感也会慢慢消失。

·焦虑型依恋的分辨和相处方法

前文已经说过，焦虑型依恋的反应在一岁半的时候就能观察到了，即对短暂离开后出现的母亲发大火，母亲想要抱抱他，孩子也会表现出反抗。

当母亲没有给予充足且稳定的爱时，孩子就容易出现这样的反应。除此之外，母亲只在心血来潮时才表现出一点爱意，或者因为某种原因，母亲给予的爱不如从前时，孩子也会出现这样的反应。

焦虑型依恋的反应，也可以说是爱唱反调之人的反应。他们无法诚实地表达自己的真实情绪，有时候还会做和本心完全相反的事情。这种反应也会出现在稍微年长一点的孩子，甚至大人中。它是一个重要的信号，提醒父母，孩子正处于缺爱或缺少关心的状态中。

但是，如果从表面理解爱唱反调之人的反应，就会对他们的不可理喻感到生气，觉得"我明明对你很好，为什么还要责备我""提这些无理的要求，只是想让我为难吧"。如果对方也有情绪，开始责备他，那么双方就会起正面冲突。若是这种事情反复发生，双方之间的鸿沟就会越来越深，觉得对方"不懂自己""不讲道理"。这样一来，焦虑型依恋就会逐步升级为心理上的排斥反应。

从这个意义上来讲，为了阻止心理上的过敏，防止关系破裂，理解并合理应对焦虑型依恋至关重要。

首先，必须分辨出对方是否有焦虑型依恋的反应。

当你像平时一样和对方说话时，如果对方非常冷漠地回复你，表现得口是心非，或者向你提出无理的要求，那么就可以认为对方出现了焦虑型依恋的反应。说的话前后矛盾或不合逻辑，是焦虑型依恋的一大特征。在他们的意识中，"A是A，又不是A"是很正常的。愤怒变为爱意或爱意变为愤怒，都是稀松平常的事情。

焦虑型依恋源自对依恋对象的渴求。因此，只要和他们的相处方式没有错得离谱，他们会很快恢复如初。但是，如果发展到了人际过敏症的阶段，那么愤怒或排斥的状态将会是常态，很难再回到最本真的爱的状态。因此，如果可以，最好在发展到人际过敏症这个阶段前，就帮助他们恢复如初。另外，也需要改变和他们的相处方式，以免在同一件事情上反复发生冲突。

隐藏在焦虑型依恋背后的是对爱的渴望。当一个人感觉缺爱时，他就会产生不被眷顾的感觉，觉得自己不受重视、只有自己那么痛苦。而这又会滋生怒意。

因此，当你发现对方出现焦虑型依恋的反应时，要温柔地安慰他，而不是指出矛盾点去责备他们。他们可能会排斥你，可能会用语言攻击你，这时，你一定要稳住心神，用岿然不动的爱去拥抱对方。

前面绘美子夫妇的案例就是如此。绘美子向琢磨传达了不变的爱意，并发自内心地为没有重视丈夫心意的行为道了歉。感受到绘美子心意的琢磨，也逐渐敞开心扉。最终两人和好如初，生活得比以前还要幸福。

·自恋移情的作用

为了抑制人际过敏症，还需要记住一个机制，那就是自恋移情。

说过很多遍了，免疫是指排除异物的机制。也就是说，只要能将对方视作自己人，就可以避免将对方当作异物排除出去，也就能抑制过敏反应了。

自恋移情有两种形式。一种是"镜像移情"，即将对方视作和自己完全一样的存在；另一种是"理想化移情"，即将对方视作自己的理想来崇拜，从而将对方和自己同化。理想化移情也会引发反移情。也就是说，当自己被理想化，被崇拜时，自己也会对比任何人都理解自己价值的存在，产生理想化移情。

对于小时候自恋没有得到充分满足的人而言，通过自恋移情，受到尊敬、赞赏、追捧是最高级别的满足，是力量的源泉。自恋型人格障碍患者很多都有情人，就是因为这种心理机制。如果情人能给予他最大限度的赞美或支持，他就能发挥最大限度的能力。

当情人变成妻子，尊敬和赞赏随之变少后，理想化移情的魔力就会慢慢失效。患者会像梦醒了一般，变回普通人。这时，一直被自恋移情引发的同化压制着的免疫反应开始蠢蠢欲动。双方会突然发现对方是自私任性、没有体贴之心的异物，从而出现严重的人际过敏症。反言之，如果要和这类型的人维持长久的关系，就必须一直赞美、追捧他。

从科学角度证明了依恋的存在及其意义的心理学家哈利·哈洛和伴侣们之间的戏剧性故事，正好证明了这一点。

【案例27】
当欣赏的镜子消失

哈洛的第一任妻子克拉拉，是威斯康星大学心理学专业的研究生，而哈洛是该校的新任教授。

克拉拉不仅美丽、健谈，还智力超群。五岁就开始读威廉·布莱克（William Blake）的诗，再大一点就能帮上高中的姐姐做代数作业。她脑子灵活，富有幽默感，总能和人展开激烈又知性的讨论。哈洛很快就迷上了这位才女。而克拉拉也爱上了这个在社交上略微笨拙、但充满才情和热情的新任教授。两人很快就结婚了。

这段婚姻让克拉拉做出了巨大的牺牲。当时威斯康星大学有条规定，不能雇佣亲属。也就是说，克拉拉研究生毕业后，不能待在丈夫的研究室工作。最终，克拉拉决定放弃自己的事业。

她开始在百货商店的布料区做售货员。在这里，她也发挥出了与生俱来的高超能力。仅用半年时间，她就晋升为女装的采买主任。但是，克拉拉也有不擅长的事，那就是做单调的家务。

那时候，哈洛想做小白鼠实验，但是又缺乏足够的实验设备和费用，非常烦恼。一天，哈洛又开始抱怨了。看不下去的克拉拉对他说："你要不考虑一下附近动物园里的红毛猩猩？"就是这句话，改变了丈夫的命运。和猴子的相遇开启了哈洛所有研究的大门。从这个意义上来讲，克拉拉可以说是哈洛最强的支持者，也是哈洛的幸运女神。

当哈洛潜心于自己的研究时，克拉拉的内心却发生了变化。当时第二个儿子刚出生。在哈洛看来，自己的研究渐入佳境，所以想要把全部精力都放在这上面。但是，克拉拉却非常不满。自己原本就不善家务，而且自己也有想做的研究和工作，但是丈夫却把家务和育儿统统推给自己。

克拉拉受够了任性的丈夫，哈洛也感觉到妻子不爱自己了。于是，两人几乎不再交流，哈洛连晚饭也不回来吃，基本住在研究室。

最终，十四年的婚姻生活宣告结束。两人卖掉了湖边那栋见证了他们幸福生活的房子，将所得财产对半分了。

然而，两人都无法忍受孤独的生活，特别是哈洛。仅凭埋头工作并不能排解他的寂寞，于是他开始纵情于酒。这也是很多离婚男性会做的事情。在大学里，他被孤立，讽刺的是他的性格也变得愈发顽固。孤独对哈洛身心健康造成的伤害比其他任何困难都要大。他需要一个理解自己、可以分享梦想并支持自己实现梦想的伴侣。

他很快找到了合适的人选。不，应该说早就在他的掌握中了。她就是他研究团队的助手——三十岁的玛格丽特·基尼。玛格丽特是心理学博士，不仅才华横溢，还很美丽。但是，每当有男人向她求爱时，她总会冷漠地将其推开。她在寻找一个配得上自己的男子。她很尊敬哈洛。两人互相吸引可以说是必然的事情。

但同样的问题再次摆在了两人面前，即不可以雇佣亲属这条校方规定。两人为了蒙骗大学，偷偷在州外举办了婚礼。但是，两人的关系很快就被校方发现了。最终，玛格丽特和克拉拉一样，不得不离开大学。

然而，哈洛没有重蹈覆辙。他把玛格丽特留在了研究室里当他的私人助理。这个职位不是校方职位，工资也不是大学出的，所以校方也无话可说。

获得心理学博士学位的玛格丽特同样也是个优秀的研究者。由哈洛担任编辑委员的心理学专业杂志的编辑工作，实际都是玛格丽特做的。她是一个很严格的编辑，即便对方是哈洛，也会毫不客气地提出要求。

玛格丽特虽然很有才能，但有点固执己见。这一点和克拉拉形成了鲜明的对比，也是哈洛没料到的。她无论和谁说话，语气都很严厉。因此，研究室的人都称呼她为"冷脸阿姨"，对她敬而远之。哈洛和她在一起时也无法放松。也许是这个原因，再婚后，哈洛的饮酒量并没有减少。

玛格丽特仿佛生来就是为了做研究的，她比克拉拉还不擅长做饭、洗衣服等家务。家里总是格外杂乱，布满灰尘。两人的孩子出生后，她就更加照顾不过来了。为了不重蹈覆辙，哈洛也会和她一起养育孩子，但他经常逃到研究室去。和克拉拉的情况不同的是，玛格丽特理解丈夫的研究有多么重要，而且她自己也在这项研究中承担了部分工作。两个人在最重要的事情上，价值观是一致的。他们都缺乏物欲，对着装、美食、社交都没有兴趣，可谓是一类人。让哈洛名垂青史的依恋相关的一系列实验，都是在和玛格丽特共同生活期间进行的。

玛格丽特的努力让她的事业重获生机。她的优秀得到认可，其他大学向她递出橄榄枝。但是，当时她已身患乳腺癌。二十一年的婚姻生活最终以玛格丽特的离世落下帷幕。当时，她才刚成为教育心理学系的教授，享年五十二岁，哈洛那时已经六十五岁了。

在玛格丽特和病魔斗争期间，哈洛患上了抑郁症，开始住院治疗。哈洛有强迫症，为了获得更高的成就，总是强迫自己发奋努力。在他获得美国国家科学奖这个荣誉的瞬间，他觉得自己从此刻开始就要走下坡路了。他完全无法轻松地享受人生。

失去玛格丽特的哈洛无法忍受孤独。他想起了第一任妻子克拉拉。

正好那时，克拉拉的第二段婚姻也无疾而终了。于是，在玛格丽特过世八个月后，他和克拉拉复婚了。当时哈洛六十六岁，克拉拉六十二岁。两人再次共度了不到十年的时间，直到哈洛去世。

克拉拉从第一段失败的婚姻中吸取了教训。复婚后，她加入了哈洛的研究，并主动承担哈洛全集的编辑工作，努力和丈夫共享兴趣。

哈洛也不想重蹈覆辙，格外珍惜和克拉拉在一起的时间。为了克拉拉，他决定离开常年居住地，从冬季严寒的威斯康星州搬到了晴天多、夏季长的亚利桑那州。从结果上来看，哈洛的抑郁症康复了，并且他度过了幸福的晚年。

·通过脱敏克服人际过敏症

脱敏疗法是治疗过敏的一种方法。原理是通过一点一点地注射或口服抗原，诱导身体对抗原脱敏。脱敏是身体不再将抗原识别成异物、脱离过敏的状态。针对花粉症，医生采用的就是这个疗法。

其他过敏也是如此。每次服用一点点，身体针对它的异物识别能力就会渐渐减弱，直至不再引发过敏。这种疗法借鉴了古人的智慧。以前，刷漆匠会通过舔舐漆来让自己不会因为接触漆而起红疹。消化系统负责搬运食物这种异物，因此，它对异物的检查没有皮肤那么严格。

在人际过敏症方面，也可以通过诱导脱敏来克服。人基本上能习惯任何事情，但前提是要有耐心地慢慢去习惯。急于求成只会引起剧烈的排斥反应，反而加剧过敏症状或消磨意志。

有人际过敏症的人，在从事需要和人接触的工作的过程中，有时候也能克服人际过敏症。

如果这份工作带给他的只有不快，那么这种奇迹是不可能发生的。让患者感受到被接纳，自己的内心被治愈的工作，必定是需要和人接触的。比如，服务他人、帮助他人、照顾他人的工作。

还有一个有效的方法，就是只在令人开心的地方与人接触。这样一来，就不会觉得厌烦或受到伤害。可以和茶友或其他同好交往，在这个过程中，慢慢克服人际过敏症。不过，要尽量避免建立过于亲密、深厚的关系。

时机也很重要。有时候，可能也需要在一段时间内和人保持距离，一个人隐居。等到时机成熟再出来，与人交往可能就变得没那么痛苦了。

下面就来介绍一下，诗人萩原朔太郎是如何克服人际过敏症的。

·良好的习惯可以帮助你

萩原朔太郎用他的亲身经历告诉我们，人际过敏是可以通过习惯的力量来改变的。

【案例28】
萩原朔太郎的改变

朔太郎于三十三岁结婚，育有两个女儿。十年后，他与妻子离婚。第二年，他的父亲也去世了。接连不断的不幸让朔太郎沉湎酒精，生活慌乱不堪。

这时，在背后支持他的是比任何人都尊敬他、爱他的妹妹由纪。由纪帮他料理生活上的所有事情。在她的帮助下，朔太郎渐渐找回了自己的节奏。慢慢从困境中走出来后，他再次投身创作。从他四十五岁到五十多岁的这段时间，是他最忙、工作最起劲的时期。

"但我的孤独癖最近发生了很大的变化，我变得开朗起来了。首先，身体比以前结实了，精神也放松了。青年时期折磨我良久的病态感和强迫症，随着年龄的增长，也渐渐没那么厉害了。以前去参加人多的聚会，我总是忍不住想要敲打别人的头或骂人。但现在，我很少会被这种冲动性的强迫症所扰了。因此，和人的交流也变轻松了，甚至还能与人谈笑风生。生活方面，我也放松了很多。但是，随着年龄的增长，我的诗却越发地拙劣了。也就是说，我正在渐渐变成一个世俗的凡人。我不知道对于我而言，这是该悲叹的事，还是该祝福的事。"

"除此之外，最近我家里的情况也发生了一点变化。几年前，我和妻子离婚了，几乎同时，父亲也去世了。虽然只剩下母亲和孩子，但和以前相比，我的生活变得无比自由。以前，家庭琐事总是让我非常焦躁。但现在，这种心情已经一扫而空了。如今的我是一个全新的我。我变得非常开朗，甚至会主动提出和关系亲密的友人一起聚会。和访客说话也没以前那么令人痛苦了，有时候反而会很欢迎别人来。"

令人惊讶的是，朔太郎竟然会觉得以前令他那么痛苦的交际像是在"休息"一样。

"因为只有在和别人说话的时候，我才不需要思考，才能感受到愉快。"

朔太郎是如何克服人际过敏症造成的孤独癖的呢？

"我觉得交际和抽烟、喝酒一样，是一种'习惯'。在养成这个习惯前，它是令人厌恶的、麻烦的事情。但一旦养成这个习惯，它就会变成生活必需品，甚至没有它就无法生活。最近，我好像养成了这个习惯。偶尔有一天见不到人，甚至会觉得寂寞。香烟不是必需品，同样，交际也不是人生的必要之事。只不过，对于很多人来说，香烟是习惯性的。同样，交际也是习惯性的必要之事。"

朔太郎即将五十岁时的心态和年轻时的心态已经有了翻天覆地的变化，"总之，我最近终于治好了我的孤独癖。不管是心理还是生理，都渐渐恢复了健康。密涅瓦的猫头鹰应该可以离开黑暗的洞穴，飞向白天吧。我很期待。"

这之后，他在创作上非常多产，每天都过得很有精神。

·人是可以改变的

人绝不会一成不变。在漫长的岁月中，人会不断地改变。人会学习，也能修正自己的错误。人不仅可以将异物转变为无害的物质，甚至还能将其变为难得的营养。

在食物过敏方面，相同的食物经过发酵处理后，可能就不会引发过敏了。对小麦和大豆严重过敏的小孩，对用小麦和大豆发酵制成的酱油不过敏，就是这个原因。

在人际过敏方面，随着年龄的增长和心智的成熟，有些抗原会失去抗原性，也就不会再引起过敏了。曾经厌恶的人，也会随着年龄增长变得没那么讨厌了。此时，曾经的恨意可能会消失，甚至转变成怜悯。抗原性发生变化，失去毒性后，过敏反应也就消失了。

就连对所有人都有人际过敏症的人，也会随着年龄的增长和心智的成熟，渐渐克服人际过敏症。

最近，我收到了一个令人开心的消息，是有关朋友近况的。他年轻时曾多次自杀未遂，走上了自我破坏的人生之路。在即将迎来四十岁的时候，他终于安定了下来，目前正在给年轻人上课。他非常享受现在的工作。但是，有一件事他一直非常抗拒，就是有自己的孩子。因此，和他在一起并想为他孕育后代的女性们，在伤心难过了几次后，就都离他而去了。他虽然抗拒成为父亲，却想通过被年轻人当作父亲一样仰慕，来填补自己人生的空缺。而这样的他，如今有了自己的孩子。在六十岁的年纪，他终于克服了自己内心的人际过敏症。我由衷地献上我的祝福。

后记 <<<<

如今，觉得世界纷扰不已、人际关系难以维系的人有很多吧。也有不少人因为压力过大而得了心理疾病，而大部分压力都源自不顺利的人际关系。而且让事态变得严重的不仅是和陌生人的关系，最亲近的夫妻关系、亲子关系也有可能变成困扰。

以前，就像俗语"不打不相识"说的这样，适当的摩擦会成为增进信任的契机。但这样的俗语已经不适用于现代人了。很多时候，走错一步，关系就结束了。关系一旦出现问题，就很难修复。

除了情感越来越淡薄，我还观察到另一个现象，就是人们对彼此的温柔和宽容越来越少，取而代之的是越来越多的洁癖、固执和极端。很多人执着于自己的想法，遇到违反规则或违背自己意愿的事情就会焦躁不安，并且对违反规则之人展开过度的攻击。虐待不称自己心意的孩子，攻击被自己视作异物的人，这背后的病理其实是一样的。

不接受除自己之外的任何人，毫不留情地排除他人来保护自己，这种对异物展露出过度排斥的状态，正是本书讨论的人际过敏症。人际过敏症的蔓延不仅会影响与他人的关系，让夫妻关系和亲子关系变得脆弱不堪，还会让我们的心理状况变得更加糟糕，导致稍微不如意，就排斥和攻击他人。

很显然，就算将异物当作坏人加以排除，也无法从根本上解决问题。因为有问题的不是被当作异物的"坏人"，而是过度识别异物，并将其当作坏人排除出去的人际过敏症。

世人的讨论一般都围绕什么是"坏人"。我们日常最关心的也是"坏人"是谁以及对"坏人"的惩罚。但真正有问题的，是将所有责任都推给"坏人"，并试图攻击、排除"坏人"的行为。

如今，人类的平均寿命延长了，物质生活也变得更加富足和方便，可我们好像并没有变得更幸福。我们总是在追求自我，遇到障碍就立即排除。但这样获得的生活看似舒适，实则充满孤独和空虚。对于活着这件事，越来越多的人感觉到的是痛苦，而不是喜悦。

身为人却排斥人，这应该就是让我们变得不幸，感到生活艰辛的罪魁祸首吧。为什么会身为人却排斥人呢？因为原本应该保护我们免受人际过敏症困扰的依恋机制发生了故障，无法正常运行了。

本书提到的视角有助于我们理解现代人面临的困境。希望这些视角可以为你提供从根本上解决这些困境的线索。

冈田尊司

快读·慢活®

从出生到少女，到女人，再到成为妈妈，养育下一代，女性在每一个重要时期都需要知识、勇气与独立思考的能力。

"快读·慢活®"致力于陪伴女性终身成长，帮助新一代中国女性成长为更好的自己。从生活到职场，从美容护肤、运动健康到育儿、家庭教育、婚姻等各个维度，为中国女性提供全方位的知识支持，让生活更有趣，让育儿更轻松，让家庭生活更美好。